Uta Hauck-Thum

Medienarbeit im Deutschunterricht

Beltz Pocket wird herausgegeben von
Jürgen Schließzeit

Lektorat: Dr. Cornelia Klein

© 2011 Beltz Verlag • Weinheim und Basel
www.beltz.de
Herstellung und Satz: Sarah Veith
Innengestaltung: Sarah Veith
Umschlagkonzept und -gestaltung: Sarah Veith
Umschlagabbildung: Oliver Melzer
Druck: Beltz Druckpartner GmbH & Co. KG, Hemsbach
Printed in Germany

ISBN 978-3-407-62817-6

Inhaltsverzeichnis

Die Punkte [01] bis [04] informieren Sie über die **theoretischen Grundlagen** der Medienarbeit im Deutschunterricht der Grundschule.

[01] Medienarbeit im Deutschunterricht
      der Grundschule
[02] Einstellung, Interesse und Motivation
[03] Medienkompetenz
[04] Mediale Zeichenkompetenz

[01] Medienarbeit im Deutschunterricht der Grundschule

Medien sind fester Bestandteil im Leben von Heranwachsenden. Mädchen und Jungen wachsen auf, umgeben von einem Netz aus medialen Angeboten und Möglichkeiten. Bereits in der Grundschule sollte ihnen deshalb vermittelt werden, wie sie Medien sinnvoll nutzen können, ohne dass diese ihr Leben bestimmen oder einschränken. Trotz einer Vielzahl tauglicher Konzepte wird jedoch insbesondere im Grundschulbereich Medieneinsatz noch immer vernachlässigt.

Die Notwendigkeit, Medien vor allem im Rahmen des Deutschunterrichts einzusetzen, gründet sich nicht ausschließlich auf den Anforderungen, die sich aus einer veränderten kindlichen Mediennutzung ergeben. Vielmehr ist Deutschunterricht von jeher medial geprägt. Mediengeschichte beginnt nicht erst mit der Entwicklung elektronischer und digitaler Medien. Auch gesprochene, darstellende, geschriebene und gedruckte Formen stellen mediale Formate dar.

Medienverbund Deutschunterricht war schon immer Medienunterricht, auch wenn er sich rein auf den Einsatz von Büchern stützte. Problematisiert wurde seine mediale Konstituiertheit erst durch die fortschreitende Medialisierung der vergangenen Jahrzehnte und aufgrund gewisser alltagstheoretischer Befürchtungen, die das Ende der Buchkultur einläuteten. Lesesozialisation von Heranwachsenden findet jedoch aktuell im Verbund unterschiedlicher Medien statt. Kinder- und Jugendliteratur erscheint heute, wie auch sogenannte Erwachsenenliteratur, im Medienverbund und wird in unterschiedlichen medialen Präsentationsformen rezipiert.

So kommt beispielsweise zunächst ein Film in die Kinos. Zeitversetzt erscheinen dann Buch, Zeitschrift, Hörspiel und weitere Merchandising-Artikel auf dem Markt. Medienverbünde sind kein Phänomen der heutigen Zeit, neu sind lediglich Ausmaß und Vielfalt der beteiligten Produktionszweige, die auf Kinder einwirken und zur Medialität von Sprache und Literatur beitragen. Im Rahmen des Deutschunterrichts müssen derartige Entwicklungen aufgegriffen werden.

Zudem unterscheiden sich Mädchen und Jungen in ihrer häuslichen Mediennutzung – sie nutzen Medien anders und für anderes. Bereits in ihren ersten zehn Lebensjahren bilden sich dadurch deutliche Geschlechterdifferenzen im Umgang mit Medien aus. Mädchen und Jungen unterscheiden sich sowohl in ihren medialen (und nicht medialen) Interessen als auch in ihrer medienbezogenen Einstellung.

Eine sogenannte geschlechtersensible Medienarbeit im Deutschunterricht muss sowohl an geschlechterspezifische als auch individuelle Bedürfnisse und Interessen von Mädchen und Jungen anknüpfen. In anregenden, vielseitigen Lern- und Erfahrungsräumen werden medienbezogene Stärken und Schwächen von Mädchen und Jungen gleichermaßen berücksichtigt. Angestrebt wird ein selbstbewusster, kreativer, aber auch kritischer Umgang mit alltagsrelevanten Medien auf Basis persönlicher Medienerfahrung. Dabei werden individuelle Verstehens- und Verarbeitungsprozesse angeregt, vor allem wirkt eine geschlechtersensible Medienarbeit auf die medienbezogene Einstellung und das medienbezogene Selbstkonzept – die Einschätzung eigener medienbezogener Fähigkeiten – ein. Dies steht im Kausalzusammenhang mit dem Erwerb medialer und fachspezifischer Kompetenzen.

Sprach- und Leseförderung Über eine vielfältige Auseinandersetzung mit Medien werden zudem Sinneserfahrungen und somit eine intensive Wahrnehmungsschulung ermöglicht. Dadurch ergeben sich motivierende Zugänge zu den fachspezifischen Inhalten des Deutschunterrichts. Das große Potenzial geschlechtersensibler Medienarbeit liegt in einer medialen Sprach- und Leseförderung, auf die im praktischen Teil das Hauptaugenmerk gelegt werden soll.

[02] Einstellung, Interesse und Motivation

Leseinteresse und Lesemotivation

Im Rahmen der PISA-Studie des Jahres 2009 zeigte sich, dass die Einstellung von Jungen zum Lesen in der Mehrzahl der Teilnehmerstaaten deutlich negativer ist als bei Mädchen. Im Durchschnitt aller OECD-Länder stimmen 46 Prozent der Jungen der Aussage zu, dass sie nur lesen, wenn sie müssen, während dies nur 26 Prozent der Mädchen von sich behaupten. In Deutschland ist der Anteil der Mädchen, die nicht zum Vergnügen lesen, mit dem internationalen Wert vergleichbar (ebenfalls 26 %), der Anteil der Jungen liegt deutlich höher (52 %). Mädchen lesen in ihrer Freizeit insgesamt lieber, während Jungen bildlastige Medien bevorzugen. Die Leseintensität nimmt bei einem Teil der Jungen im Laufe der Grundschulzeit beständig ab, da sie im Rahmen des schulischen Leseunterrichts nicht die Leseanregungen bekommen, die ihrer Interessenlage entsprechen. Die Buchauswahl der Lehrerinnen und Lehrer kommt eher den Mädchen entgegen.

Selbstkonzept Hauptgrund für eine geringere Begeisterung der Jungen für den Bereich »Lesen« ist ein unterschiedliches lesebezogenes Selbstkonzept von Mädchen und Jungen. Jungen wenden sich im Laufe ihrer Entwicklung vom weiblich konnotierten Lesen ab. Zeichentrickformate und Bildschirmspiele auf dem *Gameboy*, der Spielkonsole und dem Computer laufen dem Lesen von Büchern den Rang ab. Die geringere Lesemotivation steht dann wiederum mit der Leseleistung im Zusammenhang.

Brücke Mithilfe einer Integration von Medien in den Unterricht wird im Rahmen zahlreicher Veröffentlichungen versucht, bereits in der Grundschule eine Brücke zwischen den Bereichen »Lesen« und »Mediennutzung« zu schlagen. Der Einsatz von Medien dient dabei jedoch meist als bloßes Lockmittel. Medien werden auf ihre Nutzungsattraktivität reduziert und sollen Mädchen und Jungen über ein »Hintertürchen« zum Lesen bringen.

> Zeitgemäßer Literaturunterricht muss in erster Linie das **Interesse am Lesen** wecken, indem er den Umgang mit Literatur in **unterschiedlichen medialen Formen** ermöglicht, ohne dabei Hierarchien zu bilden. Unterschiedliche Medien sollten als gleichwertig angesehen werden.

Vor dem Hintergrund männlicher Lesedefizite bedarf es der Einflussnahme auf das Selbstkonzept von Jungen in Bezug auf Lesen durch den Aufbau einer intrinsischen Lesemotivation.

Ausdrucksformen Dazu bedarf es des gleichwertigen Einsatzes im Kinderalltag relevanter Medien im Deutschunterricht und der Schaffung vielfältiger Ausdrucksformen beim Umgang mit Sprache und Literatur.

Computer- und Technikinteresse

Während der Bereich des Lesens nach wie vor eher weiblich konnotiert ist, wird Technikinteresse den Jungen zugeschrieben. Es kann dabei generell jedoch nicht von einem geringeren Interesse der Mädchen ausgegangen werden, vielmehr von einer distanzierten Einstellung, die sich bei Schülerinnen der Sekundarstufe 1 beobachten lässt. Dabei sieht zu Beginn der Grundschulzeit die geschlechterspezifische Ausgangslage von Mädchen und Jungen in Bezug auf ihre Einstellung zur Technik und zur Nutzung von neuen Medien durchaus vielversprechend aus. Im Rahmen des BLK-Modellversuchs »Schwimmen lernen im Netz. Zur Untersuchung geschlechterspezifischer Computerkompetenzen« stellte sich heraus, dass für Mädchen im frühen Grundschulalter weibliche Computerkompetenzen eine Selbstverständlichkeit sind. Sie gehen in ihrem computerbezogenen Selbstkonzept von einem egalitären Geschlechterverhältnis aus. Lehrerinnen und Lehrern gelingt es anscheinend während der Grundschulzeit nur selten, Mädchen in ihrer positiven computerbezogenen Einstellung zu bestärken. Früher oder später fallen sie zurück in gesellschaftlich festgeschriebene Geschlechterrollen.

Bei Lehrerinnen und Lehrern besteht große Uneinigkeit in Bezug auf inhaltliche Zielvorstellungen von Medienkompetenz. Im Rahmen schulischer Medienarbeit werden häufig technische Kompetenzen bevorzugt, was eher den Jungen entgegenkommt. Der Schwerpunkt sollte aber nicht ausschließlich im technischen Bereich liegen. Im Rahmen einer sprachbewussten Mediennutzung sollten Kompetenzen wie ästhetische Bildung, Kritikfähigkeit, Reflexionsvermögen oder die Fähigkeit zur selektiven Nutzung gefördert werden, um einen Rückzug der Mädchen aus dem Bereich »Technik« zu verhindern.

Ausgewogenheit Anzustreben ist die Ausgewogenheit zwischen Technikorientierung und ästhetischer Bildung. In der Grundschule müssen frühzeitig Grundlagen für eine offene und positive Einstellung von Mädchen und Jungen zu Computer und Technik gelegt werden. Dazu bedarf es medienkompetenter Lehrkräfte, die einerseits über entsprechende mediale Kompetenzen verfügen und gleichzeitig in der Lage sind, differenzierte inhaltliche Angebote bei der Medienarbeit zu machen, die der Interessenlage von Mädchen und Jungen gleichermaßen gerecht werden und ihnen vielfältige medienästhetische Erfahrungen eröffnen.

Inhalte Medieneinsatz im Unterricht muss das Interesse von Mädchen und Jungen für unterschiedliche Mediengattungen (Computer, Fernsehen, Radio, Zeitung), spezifische Inhalte (Informationen aus dem Internet finden, *Microsoft-Powerpoint* erkunden, eine Radiosendung erstellen) und Vorlieben für bestimmte Methoden (z. B. ein Gedicht verfilmen und mit dem Computer bearbeiten, Effekte von Computerprogrammen nutzen, ein Bilderbuchkino erstellen) berücksichtigen.

[03] Medienkompetenz

Obwohl sich Mädchen und Jungen von klein auf mit Medien beschäftigen, verfügen sie nicht über umfassende mediale Kompetenzen. Vielmehr bilden sich gewisse Routinen beim Umgang mit Medien aus, wenn sie beispielsweise bestimmte Webseiten immer wieder besuchen.

Die Entwicklung von Medienkompetenz verläuft beim Kind – anders als Lesekompetenz – keineswegs linear. Helga Theunert und Margit Lenssen (1999) verstehen Medienkompetenz vielmehr als ein Zusammenspiel von Fähigkeiten, die Mädchen und Jungen in aktiver Auseinandersetzung mit ihrer Umwelt auf Basis ihres Entwicklungsstandes erwerben. Soll Medienkompetenz in der Schule gefördert werden, müssen Theunert und Lenssen zufolge sowohl die verschiedenen Altersstadien mit ihren entsprechenden Entwicklungs- und Reifeprozessen berücksichtigt werden als auch die Einflussfaktoren der sozialen Umwelt und der daraus jeweils alters- und geschlechtsspezifisch erwachsenden Anforderungen.

Der folgende **Orientierungsrahmen** einer geschlechtersensiblen Medienarbeit baut auf der Einteilung von Stefan Aufenanger und Renate Luca (2007) auf und weist auf Schnittstellen mit den fachspezifischen Inhalten des Deutschunterrichts in der Grundschule hin.

Medienkunde/Medienwissen

Ziel

instrumentell:

+ Wissen um Grundfunktionen zur sinnvollen Handhabung altersrelevanter Medien (Computer, Internet, Video, Handy, Foto) zur Prävention und
+ Kompensation sozialisationsbedingter Defizite von Mädchen und Jungen
+ Medienzugang über kompetente Lehrerinnen (Vorbildfunktion)

informativ:

+ Kenntnis über Inhalte, Strukturen und Funktionen von Medien und Mediensystemen zur Sensibilisierung für Manipulation und Geschlechterrollenimplikation in Medien

Inhalt

+ Projekte zur Mediennutzung (z. B. Lesewoche, Klassenradio, E-Mail-Partnerschaft Computerwerkstatt), die Medien zur Informationsbeschaffung, Unterhaltung und Kommunikation thematisieren und die richtige Handhabung berücksichtigen
+ Analyse der Medienkonvergenz (z. B. mediale Leseförderung)
+ Wie wird ein Medienverbund mit verschiedenen Leitmedien (Buch, Film) inszeniert?

Medienkompetenz

Medienkritik

Ziel

analytisch:

+ Analyse von Gestaltung und Inhalt unterschiedlicher Medien anhand von Beispielen, Analyse von Geschlechterrollenbildern, Geschlechterordnung

ethisch:

+ Medien einschätzen und beurteilen lernen, Sensibilisierung für diskriminierende Darstellungen und Machtkonstellationen

reflexiv:

+ analytisches Wissen auf eigenes Handeln anwenden

Inhalt

analytisch:

+ Analyse von Werbung in Zeitungen, im Radio bzw. im Fernsehen;
+ Analyse stereotyper Verhaltensweisen im Rahmen bevorzugter Fernsehsendungen, Filme, Computerspiele, Internetspiele
+ Analyse manipulierter Bilder im Internet

ethisch:

+ Einschätzung und Beurteilung von Medien hinsichtlich ihrer Eignung (z. B. Einschätzung der Gefahren des Internets, Gewaltdarstellung in Computerspielen)

reflexiv:

+ Reflexion eigener medialer Erfahrungen und Erlebnisse (auch z. B. Erfahrungen mit Gewaltdarstellungen, Pornografie), Austausch mit anderen, Thematisieren von Gründen für das Spielen bestimmter (auch gewalttätiger) Spiele

Ziel

rezeptiv und interaktiv:

+ Auswahl und Nutzung von Medienangeboten entsprechend der Interessenlage und Motivation

affektiv und ästhetisch:

+ Auswahl der Medienangebote je nach emotionaler Bedürfnislage zur Alltagsbewältigung, Ausbildung einer medialen Genussfähigkeit, Akzeptanz anderer, vor allem gegengeschlechtlicher medialer Vorlieben, Erweiterung eigener Nutzungsgewohnheiten

sozial:

+ Verknüpfung des kindlichen Alltags mit der Medienwelt

Inhalt

rezeptiv und interaktiv:

+ Informationsbeschaffung über Kindersuchmaschinen
+ Kennenlernen kindgemäßer Medienangebote zu unterschiedlichen Kommunikationsformen wie z. B. sichere Chatplattformen, E-Mail- bzw. Briefkorrespondenz, mediale Schreibwerkstatt

affektiv und ästhetisch:

+ Förderung der Wahrnehmung und des ästhetisch-emotionalen Erlebens auch jenseits der Geschlechtergrenzen, z. B. beim Hören von Hörspielen und Musik, beim Erleben eines Films oder einer Präsentation, beim Spielen eines Computerspiels oder beim Bearbeiten eines Interactive Book

15

Medienkompetenz

sozial:

+ Nutzung der Medien zum besseren Zurechtfinden im Alltag (informieren, unterhalten, spielen, einkaufen)
+ Förderung der Anschlusskommunikation über Medieninhalte

Mediengestaltung

Ziel

+ Umsetzung eigener Ideen mit und in unterschiedlichen Medien
+ Fähigkeit zum ästhetischen Ausdruck in Sprache, Ton, Bild, Video, Musik

Inhalt

+ Eröffnung von medialen Artikulationsräumen für Mädchen und Jungen
+ Gegenseitige Akzeptanz trotz individueller oder geschlechterspezifischer Interessendifferenzen
+ konvergenter und gleichwertiger Einsatz geschlechterspezifisch relevanter Medien

Eine umfassende und grundlegende Medienkompetenz von Mädchen und Jungen setzt einen selbstverständlichen, altersgemäßen und kompetenten Medienumgang voraus. Dafür müssen im Rahmen des Deutschunterrichts verstärkt **Lern- und Erfahrungsräume** geschaffen werden.

[04] Mediale Zeichenkompetenz

Zeichensysteme Im Medienzeitalter sind Mädchen und Jungen mit einer Vielzahl verbaler und visueller Informationen konfrontiert, die entsprechend gedeutet und verarbeitet werden müssen. Nie zuvor mussten Kinder eine derartige Bandbreite medialer Zeichensysteme erlernen wie heute, um sich im Alltag zurechtzufinden. Dazu zählen hauptsächlich die Zeichensysteme von Film- und Fernsehformaten, Computer, Büchern, Radio, Zeitschriften und Comics. Gerhild Nieding und Peter Ohler (2011) fassen das Verständnis der Zeichensysteme von Informations-, Lern- und Unterhaltungsmedien als altersrelevante Kernkomponente von Medienkompetenz im Vor- und Grundschulalter und bezeichnen es als mediale Zeichenkompetenz.

Ausdrucksformen Im Rahmen des Deutschunterrichts wird deshalb vermehrt ein Umgang mit Symbolen, Bildern und Texten in wechselseitiger Verschränkung angestrebt. Durch einen vielfältigen Medieneinsatz eröffnen sich Mädchen und Jungen neue Möglichkeiten der Rezeption und Produktion verbaler, visueller und akustischer Ausdrucksformen. Defizite im Lesen, Denken und Sprechen werden bearbeitbar, auf geschlechterspezifische Kompetenzunterschiede kann eingewirkt werden, wenn sowohl an individuellen Stärken als auch Schwächen beim Umgang mit unterschiedlichen Medien angeknüpft wird.

Der Schwerpunkt im Rahmen des Deutschunterrichts liegt weiterhin auf den Bereichen Sprach- und Lesekompetenz, weitet sich aber durch den geschlechtersensiblen

Medieneinsatz auf die Bereiche Bild-, Computer- und Internetkompetenz aus bzw. schließt diese mit ein. Grundsätzlich sollte im Deutschunterricht der Grundschule von einem weiten Medienbegriff ausgegangen werden, der technische und nicht technische Medien gleichermaßen mit einschließt. Im Folgenden liegt der Schwerpunkt jedoch auf dem Umgang mit technischen Medien, die erfahrungsgemäß im Deutschunterricht bislang vernachlässigt werden.

Interessen Sollen im Deutschunterricht die medialen Interessen von Mädchen und Jungen berücksichtigt werden, müssen sich Lehrerinnen und Lehrer zunächst aber über die Interessenlage ihrer Schülerinnen und Schüler informieren. Besonders wichtig sind in erster Linie offene Gespräche über bevorzugte mediale Formate und Nutzungsgewohnheiten. Auch ein Fragebogen leistet hier gute Dienste.

Mithilfe des folgenden Fragebogens können Sie sich einen **Gesamtüberblick** über die Mediennutzung ihrer Klasse und über entsprechende medienbezogene Einstellungen verschaffen. Er sollte nicht häufiger als zweimal im Jahr eingesetzt werden.

Fragebogen zu Medieninteresse und Mediennutzung

Name

1. Kreuze an!	☑
Ich lese sehr gerne.	☐
Ich lese gerne.	☐
Ich lese nicht so gerne.	☐
Ich lese nur, wenn ich muss.	☐

2. Ich lese ...	nie	täglich	wöchentlich
Zeitschriften	☐	☐	☐
Bücher	☐	☐	☐
Comics	☐	☐	☐

3. Fülle aus!

Diese Zeitschrift mag ich:

Mein Lieblingsbuch heißt:

Dieser Comic gefällt mir:

4. Kreuze an! ☑

Ich sehe täglich fern. ☐

Ich sehe mehrmals die Woche fern. ☐

Ich sehe einmal die Woche fern. ☐

Ich sehe selten/nie fern. ☐

Wenn du »täglich« angekreuzt hast – wie lange siehst du am Tag fern? ☑

weniger als eine Stunde ☐

1–2 Stunden ☐

2–3 Stunden ☐

mehr als 3 Stunden ☐

5. Gibt es eine Person/mehrere Personen aus einem Buch, aus einem Film oder aus dem Fernsehen, die du bewunderst?

Was gefällt dir an dieser Person / diesen Personen?

Fragebogen

6. Wie oft nutzt du den Computer? ☑

täglich ☐

wöchentlich ☐

hin und wieder ☐

Wenn du »täglich« angekreuzt hast – wie lange siehst du am Tag fern? ☑

weniger als eine Stunde ☐

1–2 Stunden ☐

2–3 Stunden ☐

mehr als 3 Stunden ☐

Wofür nutzt du den Computer? (3 Nennungen)	☑
Spiele	☐
im Internet surfen	☐
chatten	☐
Schüler VZ/Communitys	☐
Musik hören	☐
für die Schule	☐
E-Mails schreiben	☐
malen/zeichnen	☐
Filme anschauen	☐
Kindersuchmaschinen	☐
Suchmaschinen (*Google*)	☐

Gibt es Computerspiele, die du gerne magst?	☑
ja	☐
nein	☐

Welche sind das?

Im Rahmen der Punkte **[05]** bis **[13]** lesen Sie über Grundlagen und Umsetzungsmöglichkeiten der **medialen Sprachförderung** im Deutschunterricht der Grundschule.

- **[05]** Mediale Sprachförderung
- **[06]** Folienfilm
- **[07]** Machinima
- **[08]** Stop-Motion-Film
- **[09]** Comics
- **[10]** Hörspiele
- **[11]** Radio
- **[12]** Soundbilder
- **[13]** Roboter

[05] Mediale Sprachförderung

Medien, insbesondere dem Computer, wird gemeinhin eine kommunikationshemmende Wirkung zugeschrieben und somit eine Mitschuld an den sprachlichen Defiziten – hauptsächlich der Jungen – gegeben. Eine bewusste sprachliche Förderung von Interaktionsprozessen bei der Nutzung von Computer und anderen Medien, wie Foto-, Videokamera oder Aufnahmegerät, kann sich jedoch sehr positiv sowohl auf die sprachliche Entwicklung als auch den Erwerb medialer Einstellungen und Kompetenzen auswirken. Sowohl produktiver als auch rezeptiver Medienumgang bergen großes sprachförderndes Potenzial.

Sprache kann Element der rezeptiv verwendeten Medien sein

Soll bei Mädchen und Jungen die Neugier am Sprachverstehen geweckt werden, muss Sprache mit Inhalten, die Mädchen und Jungen gleichermaßen ansprechen, verbunden sein und über Darstellungsweisen in von ihnen bevorzugten Medien erfolgen. Das bedeutet, dass auditive und audiovisuelle Medien unter Berücksichtigung der geschlechterspezifischen Interessenlage im Rahmen des Deutschunterrichts rezipiert werden. Bei der rezeptiven Audioarbeit zählen in erster Linie das intensive Zuhören zur Förderung phonologischer Bewusstheit als Vorläufer der Lesekompetenz und die Erweiterung des Wortschatzes. Darüber hinaus werden für Mädchen und

Jungen Anreize gesetzt, über das eigene Medienerleben zu sprechen bzw. dieses mit anderen Ausdrucksmitteln zu beschreiben.

Sprache kann Bestandteil der aktiven Produktgestaltung sein

In Kombination mit dem Gebrauch von Medien kann vor allem das mündliche Erzählen den Erwerb und Gebrauch von Sprache fördern, sozusagen als Gegenpol zu medial übermittelten Geschichten. Beim mündlichen Erzählen wird unmittelbar an Erfahrungen und Vorwissen von Mädchen und Jungen angeknüpft.

In der Erweiterung des Wortschatzes und des Repertoires an Sprachmustern liegt ein großes Potenzial des Erzählens gerade für Mädchen und Jungen mit Migrationshintergrund. Ihnen eröffnet sich über das Erzählen von Geschichten ein **fantasievoller und kreativer Zugang** zur deutschen Sprache und Kultur. Die spezifisch strukturierte Sprache und die poetischen Regeln, z. B. von Märchen, sind in verschiedenen Kinderkulturen weitgehend identisch und erleichtern dadurch das Verständnis für Kinder mit geringen Sprachkenntnissen. Sprachförderung bedeutet im Hinblick auf Migrantenkinder jedoch nicht nur Deutschförderung.

Für einen erfolgreichen Erwerb der Zweitsprache sollten alle sprachlichen Kompetenzen einbezogen und wertgeschätzt werden, die Mädchen und Jungen mitbringen. Beim gemeinsamen Erzählen von Geschichten haben sie Gelegenheit, ihr sprachliches Vorwissen gewinnbringend zu nutzen.

Mediale Eigenproduktionen in Verbindung mit dem Erzählen von Geschichten dienen vor allem Jungen mit sprachlichen Defiziten zusätzlich als motivierender Sprechanlass. Mediale Sprachförderung zielt auf die Verbesserung des individuellen Ausdrucksvermögens und die Entfaltung von Interesse an bildhaften Ausdrucksformen unter Einbeziehung des produktiv gestalterischen Aspekts.

Das Mikrofon spielt in Audio- und Videoprojekten eine große Rolle; es »zwingt« Mädchen und Jungen dazu, ihre Artikulation zu verbessern, und ermöglicht die spielerische Auseinandersetzung mit der Wirkung verschiedener Sprachmodalitäten. Hemmschwellen werden gesenkt, da die Aufnahmetechnik Wiederholung und Selbstkorrektur erlaubt. Eine bildgestützte Umsetzung einer Geschichte erleichtert das Sprachverstehen und das freie Erzählen.

Sprache kann zur Auseinandersetzung mit Medienprodukten und dem eigenen Medienerleben dienen

Anschlusskommunikation Kindlicher Medienkonsum macht eine schulische Rezeptionsbegleitung nötig. Der Anschlusskommunikation kommt eine zentrale Bedeutung zu. Lehrerinnen und Lehrer sollten Mädchen und Jungen immer wieder Gelegenheit geben, sich über ihre medialen Vorlieben auszutauschen. Dabei eröffnet sich für Lehrerinnen und Lehrer die Chance, übermäßigen Medienkonsum bzw. mediales Fehlverhalten von Schülerinnen und Schülern wahrzunehmen und im Unterricht zu thematisieren.

Hier ist jedoch Verständnis gefragt. Vor allem seitens der Lehrerinnen sollte es nicht zu einer Verurteilung männlicher Mediennutzung kommen, da sich Jungen dann über ihren häuslichen Medienkonsum umso stärker vom schulischen Medienumgang abgrenzen. Für einen aus ihrer Sicht weiblich konnotierten Umgang mit Literatur sind sie dann schwerer zu gewinnen.

Sprache ist Mittel zur Kommunikation zwischen den Projektbeteiligten

Das Erstellen von Medienprodukten basiert meist auf Gruppenarbeit. Innerhalb der Gruppe muss sich über die Vorgehensweise bzw. über Inhalte ausgetauscht und geeinigt werden. Insbesondere geplante Projekte erfordern durch arbeitsteiliges Vorgehen in hohem Maße gegenseitige Abstimmung. Die nötige Geschlechtersensibilität beim sprachfördernden Umgang mit Medien kann durch die Umsetzung bestimmter Prinzipien geschlechterbewussten Unterrichts mit neuen Medien erreicht werden, die an Bettina Jansen-Schulz und Conni Kastel (2004) angelehnt sind:

+ Die Identitätsstärkung von Mädchen und Jungen wird gefördert, indem für Schülerinnen und Schüler Erfahrungsräume geschaffen werden, in denen sie ihre spezifischen Handlungskonzepte erproben können. Dazu gehört auch die gewählte geschlechterspezifische Gruppenzusammensetzung (zumeist homogene Gruppierungen) zu akzeptieren, da es dadurch zu intensiver und unbefangener Kommunikation kommen kann, aber auch wenn nötig einzugreifen.

+ Geschlechterhomogene Gruppen oder Paare sollten vor allem dann an den PC gelassen werden, wenn es darum geht, neue Erfahrungen zu machen. Dadurch wird verhindert, dass sich der oder die Unerfahrene automatisch zurücknimmt. Die Kommunikation zwischen den Projektbeteiligten dient einem gemeinsamen Lernfortschritt.
+ Neue Techniken, beispielsweise die Funktion des »Keynote«-Programms (*Apple*) sollten zunächst einer Mädchengruppe erklärt werden, die das Wissen dann an ihre Mitschülerinnen und Mitschüler weitergibt. Der Expertinnenstatus regt Mädchen einerseits zu einer intensiven sprachlichen Wissensweitergabe an, gleichzeitig wird dem Bild des technikfernen und technikinkompetenten Mädchens entgegengearbeitet.
+ Wenn für einen bestimmten Zeitraum je ein Mädchen und ein Junge als Expertin bzw. Experte bestimmt werden, die bzw. der bei Unsicherheiten oder Problemen zum Umgang mit technischen Geräten immer vor der Lehrerin bzw. vor dem Lehrer befragt werden müssen, kommt es zur intensiven Kommunikation zwischen Schülerinnen und Schülern, ohne dass dies eine heimliche Hierarchiebildung zur Folge hat (»Lass das mal lieber einen Jungen machen!«).

Eine bewusste sprachliche Förderung von Interaktionsprozessen bei der Nutzung von Computer, Foto- und Videokamera bzw. Aufnahmegerät kann und will nicht sämtliche Dimensionen der Sprachkompetenz gleichzeitig abdecken. Vielmehr geht es um Wechselwirkungen zwischen mündlichem bzw. schriftlichem Sprachhandeln und Prozessen medialer Interaktion.

[06] Folienfilm

Ziel	Erzählen mit Medien
Methode	Spielen zu Texten, Verfilmen von Texten unterschiedlichen Genres (Gedichten, Märchen, Sachtexte); Verfilmen eigener mündlicher/schriftlicher Erzählungen
Medien	Overhead-Folie, DIN-A3-Papier, Stifte, Schere, Klebstoff, Klebestreifen, Videokamera

Ablauf

Mithilfe der Folienfilmtechnik wird an kindliche Rezeptionsgewohnheiten angeknüpft. Zeichentrickfilme sind bei Mädchen und Jungen gleichermaßen beliebt. Um mit der Folienfilmtechnik vertraut zu werden, eignet sich zunächst die Verfilmung eines bekannten Textes, z. B. eines Märchens.

Märchen Mädchen und Jungen verfügen in Bezug auf Märchen über sehr unterschiedliche Lernvoraussetzungen. Während einige von ihnen Märchen vorgelesen bekommen oder diese aus mündlichen Erzählungen der Eltern und Großeltern kennen, verfügen andere ausschließlich über Rezeptionserfahrungen mit Hörspielen oder Filmen. Ein beträchtlicher Teil hat keine außerschulischen Vorerfahrungen mit Märchen.

Die direkteste und unmittelbarste Vermittlung von Geschichten und Märchen sollte im Unterricht über das mündliche Erzählen erfolgen. Sie als Lehrerin oder als Lehrer sorgen als positives Erzählvorbild für eine erzählfreundliche Atmosphäre.

Geschichten, die sich zum Erzählen eignen:
Erzählen eigener Erlebnisse, z. B. von früher
Erzählen unbekannter/bekannter Märchen
Erzählen von Bilderbuchgeschichten
Erzählen von Quatschgeschichten
Erzählen von Lügengeschichten
Erzählen von Sagen

Feste Erzählzeiten außerhalb des üblichen Montagmorgenkreises sind nötig, um selbst zu erzählen und Mädchen und Jungen ausreichend Gelegenheit zum Erzählen zu geben. Darüber hinaus trägt die mediale Umsetzung gehörter und eigener Geschichten dazu bei, Mädchen und Jungen selbst zum Sprechen zu motivieren und ihnen gleichzeitig den Inhalt der Geschichte zu verdeutlichen. Für die mediale Umsetzung haben sich für »Einsteiger« kurze Märchen mit wenigen Handlungsorten, wie z. B. das Märchen »Prinzessin auf der Erbse« der Brüder Grimm, bewährt.

Hintergrundbilder Im Anschluss an die inhaltliche Erarbeitung des Textes erstellen jeweils vier bis fünf Kinder in arbeitsgleichen Gruppen ein bis drei Hintergrundbilder auf einem DIN-A4-Papier. Auf dem ersten Bild könnte die Außenansicht eines Schlosses zu sehen sein, auf dem zweiten das Schlafzimmer mit dem Bett der Prinzessin – ohne Matratzen. Der Matratzenstapel, die Figuren der Königin, des Prinzen und der Prinzessin werden auf ein weiteres Papier gemalt und ausgeschnitten. Es empfiehlt sich die Verwendung kräftiger Filz- oder Wachsmalstifte, um eine gute Bildqualität im Film zu garantieren.

Stabtheater Anschließend wird die Overhead-Folie längs in etwa zwei Zentimeter breite Streifen geschnitten. An das Ende eines Folienstreifens wird im Sinne eines Stabtheaters eine Figur geklebt, die sich mithilfe der Folie unsichtbar auf dem Hintergrund bewegen lässt. Nun können die Kinder beginnen, ihre Geschichte zu spielen und dazu zu sprechen. Die Hintergrundbilder werden entweder auf dem Tisch oder auf dem Fußboden ausgelegt und mit Klebestreifen leicht fixiert, damit sie nicht verrutschen. Die Schüler/innen sollten beim Spiel darauf achten, dass ihre Hände und Köpfe immer außerhalb des Hintergrundes bleiben, damit sie später im Film nicht gesehen werden (vgl. Abb. 1).

Abb. 1: Folienfilm: Vorbereitung

Die Geschichte sollte von den Schüler/innen während der Filmaufnahme nach vorheriger Übung möglichst frei gesprochen werden. Es wäre jedoch auch denkbar, die Geschichte von zwei Schüler/innen lesen zu lassen, während die anderen Gruppenmitglieder die Figuren dazu bewegen.

Die Kamerafrau bzw. der Kameramann hat die Aufgabe, das jeweilige Hintergrundbild, auf dem gerade gespielt wird, so nahe heranzuzoomen, dass die gesamte Fläche im Display der Kamera ausgefüllt ist. Wechselt das Hintergrundbild im Laufe der Handlung, sollte ein langsamer Schwenk zum neuen Hintergrund erfolgen. Diese Aufgabe können zunächst Sie übernehmen und später einem Kind überlassen. Eine ruhige Hand beim Filmen erhöht die Bildqualität. Der Ton wird direkt beim Filmen aufgenommen (vgl. Abb. 2). Halten Sie die Kinder dazu an, laut und deutlich zu sprechen.

Abb. 2: Kameraführung

Beispiel Prinz sucht Frau

Im Folgenden ein Textbeispiel einer dritten Klasse.

Titelbild – Schwenk auf Hintergrund.
Prinz und Königin vor dem Schloss

Prinz: »Mama, ich will endlich heiraten!«

Königin: »Gute Idee, mein Sohn, aber es muss eine echte Prinzessin sein.«

Prinz: »Aber Mama, wie soll ich das denn wissen?«

Prinzessin tritt ins Bild.

Prinzessin: »Guten Abend, ich bin eine echte Prinzessin. Darf ich hier übernachten?«

Prinz *(aufgeregt)*: »Mama, Mama, eine echte Prinzessin! Sieh nur, wie schön sie ist.«

Königin: »Guten Abend, liebe Prinzessin! Natürlich darfst du hier übernachten. Ich richte dir dein Schlafgemach. Ihr könnt in der Zeit plaudern.«

Prinz wendet sich der Prinzessin zu. Beide kichern.
Schwenk auf Hintergrund zwei.
Königin bringt die Erbse und den Matratzenstapel.

Königin: »So, eine Erbse und zehn Matratzen. Ich bin gespannt, wie sie schläft.«

Königin *(ruft)*: »Liebe Prinzessin, dein Bett ist gerichtet!«

Prinzessin kommt, bedankt sich und legt sich hin.
Schwenk auf Hintergrund eins.
Nächster Morgen. Königin und Prinz im Gespräch.

Prinz:	»Jetzt bin ich aber gespannt, wie die Prinzessin geschlafen hat.«
Prinzessin kommt.	
Königin und	
Prinz:	»Guten Morgen! Wie hast du geschlafen?«
Prinzessin:	»Entsetzlich schlecht! Ich muss auf etwas Hartem gelegen haben! Ich bin grün und blau!«
Königin:	»Wenn ihr wollt, dürft ihr heiraten!«
Musik ertönt – Schwenk auf »Ende«.	

Sind die Kinder mit der Technik vertraut, kann auch eine längere Geschichte in einzelne Abschnitte unterteilt und von mehreren Gruppen verfilmt werden. Die Endergebnisse werden dann mithilfe entsprechender Schneideprogramme zusammengefügt (z. B. »Moviemaker« für *Windows*, »iMovie« für *Apple*).

Tipps

+ Jede beliebige Videokamera ist zur Filmaufnahme geeignet. Als besonders benutzerfreundlich und einfach zu bedienen hat sich der »Flip UltraHD Pocket-Camcorder« erwiesen.
+ Schreibt die Handlung es vor, dass eine Figur eine Szene verlässt, sollte diese langsam rechts oder links aus dem Bild heraus»gehen«. Kinder neigen dazu, die Figuren am Ende einer Szene ruckartig aus dem Bild zu ziehen. Zudem sollten sich die Figuren während der Aufnahme ständig leicht bewegen, auch wenn sie

gerade nichts zu tun haben. Ansonsten wirkt das Ergebnis zu statisch.

+ Zur Abrundung kann ein Titelbild gestaltet werden, mit dem der Film beginnt, und ein abschließendes Hintergrundbild, auf dem »Ende« steht. Letztendlich liegen somit vier Hintergrundbilder in einer Reihe (vgl. Abb. 3).

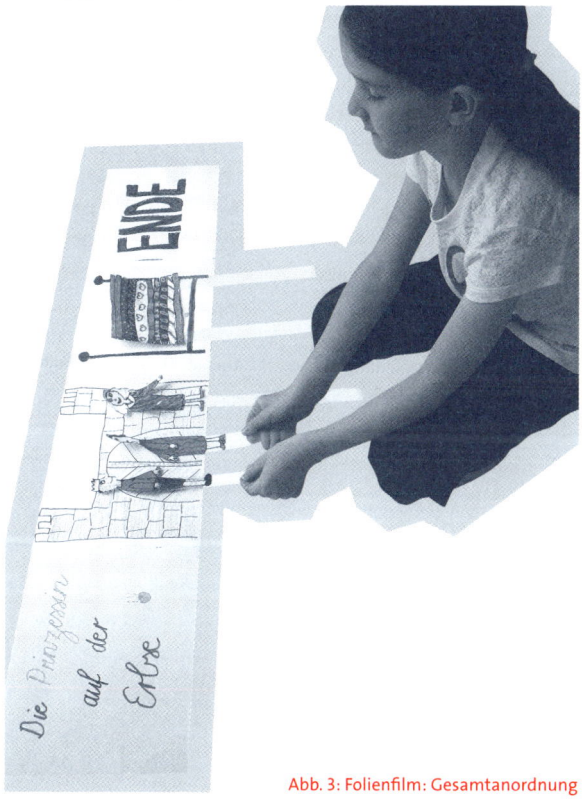

Abb. 3: Folienfilm: Gesamtanordnung

+ Die fertigen Filme werden zum Abschluss mithilfe eines Beamers an die Wand projiziert, um sie entsprechend zu würdigen. Auch eine Vorführung im Rahmen eines Elternabends oder eines Schulkinos ist denkbar.
+ Sind die Mitglieder einer festen Erzählfamilie als Folienfiguren im Klassenzimmer vorhanden (z. B. Familie Barbapapa, König Waldemar und seine Familie, die Schlümpfe, Tiere, Schüler/innen der Klasse), können sich die Schüler/innen zu diesen Figuren immer wieder neue Geschichten ausdenken und entsprechende Hintergrundbilder gestalten. Dadurch entstehen über das Jahr viele neue Episoden, die auf einer DVD gebrannt werden können (z. B. Familie Barbapapa auf Reisen, im Kino, beim Einkaufen, im Zoo oder in der Schule) (vgl. Abb. 4 und 5).

Abb. 4: Erzählfamilie auf der Wiese

Abb. 5: Erzählfamilie auf Reisen

+ Bilder, die zu einer Geschichte entstehen, können mithilfe eines Kamishibai, eines japanischen Erzähltheaters, präsentiert werden. Das Theater gibt es als stabile Variante aus Holz (www.schuelerfirma-stoeckchen.de/6.html), man kann es jedoch auch aus zwei dicken, rechteckigen Pappkartons selbst herstellen. Die Pappkartons werden aufeinandergelegt und auf der rechten, linken und unteren Seite nah am Rand entlanggetackert. Auf der vorderen Seite werden zwei Klapptüren eingeschnitten, sodass das Theater zum Erzählen der Geschichte geöffnet werden kann (vgl. Abb. 6). Durch das Öffnen der Türen wird das erste Bild der Geschichte, zu dem erzählt wird, sichtbar. Schreitet die Geschichte voran und die Szene wechselt, wird das erste Hintergrundbild oben aus dem Kamishibai herausgezogen und das nächste Bild erscheint. Das Kamishibai erleichtert den Kindern das Erzählen, da sie sich an den Bildern orientieren können. Allerdings verhindert es, dass sich die Zuhörer/innen ihre Bilder zur Geschichte selbst im Kopf machen und sich dadurch weniger auf das Zuhören als auf das Zusehen konzentrieren.

Abb. 6: Kamishibai – Erzähltheater

Bei der Medienarbeit im Deutschunterricht sollte die Rezeption von Hörkassetten, CDs oder Podcasts gleichberechtigt neben dem Vorlesen, dem freien mündlichen Erzählen und dem Erzählen mit dem Kamishibai praktiziert werden.

[07] Machinima

Ziel	Erzählen mit Medien
Methode	Erstellen eines Trickfilms. Ein oder mehrere selbst gestaltete Avatare werden gestaltet, animiert und mit einer Tonspur versehen.
Medien	Computerspiel »Spore™ Labor Kreaturendesigner«, Schneideprogramm »iMovie« (*Apple*), Aufnahmeprogramm »GarageBand« (*Apple*).

Das Kunstwort »Machinima« setzt sich aus den englischen Begriffen »machine« und »cinema« zusammen und bezeichnet Filme, die mithilfe der Game-Engine eines Computerspiels hergestellt werden. Machinimas können direkt in der Game-Engine wiedergegeben werden. Sie sind demnach Geschichten, in denen die Avatare (Spielfiguren) von Computerspielen die Hauptrolle spielen.

Ablauf

Anknüpfend an die Vorliebe von Mädchen und vor allem von Jungen für Computerspiele wird mithilfe des Computerspiels »Spore Labor« ein **Trickfilm** erstellt und vertont.

Vertonung Zunächst wird das Spiel installiert und geladen. Über die Option »Kreatur erstellen« gestalten Mädchen und Jungen in Kleingruppen einen Avatar nach ihren Vorstellungen. Nur dessen Rumpf ist im Spielverlauf vorgegeben, sämtliche weitere Körperteile können durch das Ziehen mit der Maustaste ergänzt werden. Diese gestalterische Phase führt zu einem intensiven sprachlichen Austausch der Kinder. Sowohl geschlechterhomogene als auch -heterogene Gruppen sind hier denkbar. Erfahrungsgemäß einigen sich reine Mädchen- oder Jungengruppen leichter auf die Art der Gestaltung des Avatars. Im Anschluss können die Schüler/innen dem Avatar einen Namen geben und diesen ebenso wie seine Eigenschafen im Rahmen des Programms speichern. Dadurch ergibt sich neben bei ein medialer Schreibanlass.

Animation Das Computerspiel bietet nun zahlreiche Möglichkeiten, den Avatar zu animieren. Im Testlauf-Modus können einzelne Aktionen wie »hüpfen«, »drehen«, »tanzen« oder »Eier legen« aneinandergereiht und dann unter Nutzung der Kamerafunktion aufgenommen werden. Der fertige Film wird automatisch abgespeichert. Zu diesem Zweck wird ein Spore-Ordner angelegt und unter »Dokumente« gespeichert. Dort finden sich alle fertigen Filme.

Das Programm »iMovie« dient dazu, den Film zu vertonen. Der Film wird zuerst in »iMovie« importiert. Dies geschieht mit einem Klick auf »Ablage« und »Film importieren«. Durch Aktivierung des Symbols »Mikrofon« kann die Tonspur direkt unter den Film gelegt werden. Die Aufnahme muss ohne Unterbrechung vorgenommen werden. Dann wird der Film bereitgestellt. In der oberen Leiste findet sich unter »Bereitstellen« die Option »auf Festplatte exportieren«.

Für Kinder ist es jedoch nicht immer leicht, die Tonspur ohne Pause bzw. Korrektur aufzunehmen. Deshalb empfiehlt es sich, das Programm »GarageBand« zu nutzen.

Der Film wird mithilfe der Maus in die Podcast-Spur gezogen. Hier kann er im kleinen Format mitlaufen, damit die Kinder die Tonspur an die Bilder anpassen können. Allerdings kann mit dem Programm später nur die Audio-Spur gespeichert und bereitgestellt werden. Die Verbindung von Ton und Bild erfolgt dann in »iMovie«. Die Audiospur wird dort importiert und unter die Bildspur gelegt. Dann wird der fertige Film bereitgestellt und kann am Computer bzw. über einen Beamer präsentiert werden.

Tipps

+ Die Schüler/innen können den Schnitt nicht selbstständig durchführen – vor allem nicht in den unteren Klassen. Sie können den Avatar gestalten und die Tonspur mit Ihrer Hilfe aufnehmen. Den Schnitt sollten Sie übernehmen.
+ Der Film sollte zu Beginn nicht zu lang werden, damit die Handlung überschaubar bleibt.

Die Grundschule braucht **medienkompetente** und vor allem **medienoptimistische** Lehrerinnen und Lehrer, die vom sprach- und lesefördernden Potenzial technischer Medien überzeugt sind. Vor allem Lehrerinnen haben hier Vorbildfunktion gegenüber den Mädchen. Ein positives Lehrerinnenvorbild kann vor allem Mädchen in ihrem computer- und technikbezogenen Selbstkonzept stärken.

[08] Stop-Motion-Film

Ziel	Erzählen mit Medien
Methode	Erstellen eines Stop-Motion-Films. Aus unterschiedlichen Materialen werden Akteure hergestellt. Ein zur Handlung passender Hintergrund wird auf Flip-Chart-Papier gemalt (Papier nicht zu klein wählen). Die Akteure werden kleinschrittig bewegt und mithilfe des Programms »iStop-Motion« abfotografiert und in Filmformat gebracht.
Medien	Baumaterial aus dem Kinderzimmer (Knetmasse, Steckbausteine, kleine Spielfiguren), *Apple*-Computer, Programm »iStop-Motion« von »BoinxSoftware«, Programm »iMovie« (*Apple*)

Mithilfe des Programmes »iStop-Motion« der Firma *BoinxSoftware* lassen sich leicht Trickfilme in einer Technik erzeugen, die Schüler/innen aus beliebten Film- und Fernsehformaten kennen. Dabei spielen Gegenstände aus der Lebenswelt der Schüler/innen eine wichtige Rolle (z. B. Knetmasse, Bauklötze, Spielfiguren).

Ablauf

Angeregt durch unterschiedliche Materialien, überlegen sich die Kinder in Gruppen kleine Geschichten, die sie mit den Figuren spielen. Die Figuren können mit Knetmasse geknetet und mit Wackelaugen zum Leben erweckt werden. Auch »Lego«™-Figuren oder »Playmobil«™-Männchen sind gut geeignet. Die Geschichte entsteht frei oder nach Vorgabe eines Rahmenthemas:

+ Eine seltsame Begegnung
+ Endlich vereint
+ Eine gefährliche Reise
+ Hilfe naht

Da die Stop-Motion-Filme nicht sehr lang dauern, sollte jeweils nur eine kleine Szene ausgewählt werden, die sich gut mit einfachen gestalterischen Mitteln darstellen lässt.

Tipps

+ Um die Schüler/innen in die Möglichkeiten der Stop-Motion-Technik einzuführen, kann z.B. eine Folge des bekannten Trickfilms »Shaun, das Schaf« (vgl. Anhang) gezeigt werden.
+ In einer ersten Klasse kann ein »Barbapapa«-Projekt durchgeführt werden. Die meisten Kinder kennen die bunte Figurenfamilie. Es gibt zahlreiche »Barbapapa«-Bilderbücher oder DVDs, die als Einstieg genutzt werden können. Im Anschluss kneten die Kinder eigene »Barbapapa«-Figuren und denken sich kurze »Barbapapa«-Geschichten aus, die sich in Stop-Motion-Technik umsetzen lassen (vgl. Abb. 7).

Sind die Figuren vorbereitet, wird ein Hintergrund benötigt, vor dem die Figuren agieren. Dieser wird mit kräftigen Farben auf ein Flipchart-Papier (DIN-A1) gemalt. Dann wird ein Tisch an eine Wand geschoben und das Hintergrundbild so an die Wand geklebt, dass es mit der Tischkante abschließt. Zum Fotografieren wird die interne Kamera des Laptops (*Apple*) genutzt, der im Abstand von etwa einem halben Meter von der Wand entfernt auf dem Tisch steht. Zwischen Wand und Laptop werden die Figuren positioniert und bewegt (vgl. Abb. 8).

Abb. 8: Stop-Motion-Technik – Anordnung

In möglichst kleinen Schritten wird die Position der Figuren nun verändert und fotografiert. Die Intervalldauer kann im Programm verändert werden, sollte aber möglichst kurz sein, damit der Film nicht ruckartig läuft.
Sind die gewünschten Bilder fotografiert, wird der Film gespeichert und anschließend in das Programm »iMovie« importiert, um ihn mit einer Tonspur zu unterlegen. Das Programm stellt eine große Auswahl an Geräuschen und Liedern zur Verfügung, die durch Ziehen mit der Maus direkt unter den Film gelegt werden können. Es bietet sich an, einen kleinen Vor- bzw. Abspann mit dem Titel und den Namen der beteiligten Kinder hinzuzufügen. Abschließend wird der Film bereitgestellt und auf Festplatte exportiert.

[09] Comics

Ziel	schriftliches Erzählen mit Medien
Methode	Fotos werden mithilfe eines Computerprogramms mit Sprechblasen versehen und beschriftet, sodass ein selbst erstellter Comic entsteht.
Medien	Programm »Comic Life 2«, »Photo Booth« (*Apple*), interne Kamera bzw. Digitalkamera (*Windows*)

Das Programm »Comic Life 2« (www.plasq.com) steht für 30 Tage zum kostenlosen Download im Internet zur Verfügung. Dann kann man sich für einmalig etwa 14 Euro dauerhaft registrieren lassen.

Ablauf

Zunächst malen die Schüler/innen zu einer Geschichte mehrere Bilder. Dies kann eine vorgelesene Geschichte, ein erzähltes Märchen, eine selbst erdachte oder eine schriftlich verfasste Geschichte sein. Die Bilder werden dann mithilfe des Programms »Photo Booth« (*Apple*) fotografiert oder mit einer Digital- bzw. internen Kamera (*Windows*) aufgenommen. Anschließend wird das Programm »Comic Life 2« geöffnet. Dort wird ein Raster für die Anordnung der Bilder ausgewählt und angeklickt. Die Bilder werden mit der Maus in das Raster gezogen und mit Sprechblasen versehen. Die Kinder ergänzen den gewünschten Text (vgl. Abb. 9)

Abb. 9: »Comic Life 2«

Tipps

+ Auch Fotos der Schüler/innen können importiert und mit Text versehen werden. Die Kinder können so ihre eigene Fotostory erstellen.
+ Werden die Bilder eines Bilderbuches fotografiert, kann die Umwandlung des Buches in einen Comic zur Verbesserung der Lesemotivation beitragen.
+ Das Programm »Anipaint« (www.anipaint.ch) kann zum Erstellen eigener Bildergeschichten verwendet werden. Mithilfe der Maus werden Bilder gemalt, mit Textfeldern versehen und dann abgespielt (vgl. Abb. 10). Daraus ergibt sich ein weiterer motivierender Schreibanlass.

Abb. 10: »Anipaint«

[10] Hörspiele

Ziel	Hör- und Zuhörförderung mit und ohne Medien
Methode	Durchführung von Spielen zur Hör- und Zuhörförderung, Erstellen eigener Hörrätsel und Hörspiele
Medien	Aufnahmeprogramme (»GarageBand« [*Apple*] oder »Auda-city« [Windows])

Nicht nur für zukünftige Radiomacher ist die Förderung der Hör- und Zuhörkompetenz eine wichtige Grundlage. Die folgenden medialen und nicht medialen Anregungen sollen dazu dienen, dem Hören und Zuhören im Unterricht mehr Raum zu geben.

Geräusch des Tages

Der Unterricht beginnt mit einem Geräuscherätsel, das von den Schüler/innen gelöst werden muss. Dadurch angeregt, können Kinder mithilfe eines Aufnahmeprogramms (»GarageBand« [*Apple*] oder »Audacity« [Windows]) eigene Geräusche oder Geräuscherätsel aufnehmen. Auch eine längere Geräuschgeschichte ist denkbar, z. B. eine Aufnahme des Tagesablaufs der Kinder oder eine Detektivgeschichte.

Beispiele

gähnen – Füße trappeln – Wassergeräusch – Zähne putzen – Teller klappern – Türe schlagen – lachen und reden – Schulglocke – Hefte rascheln – Instrument üben – rennen – Teller klappern – Wassergeräusch – Zähne putzen – Kissen rascheln – gähnen

Tipp

+ Bei der »Bundeszentrale für gesundheitliche Aufklärung« (BzgA) kann ein kostenloses Heft mit CD (»Lärm und Gesundheit«) bestellt werden. Auf der CD finden sich zahlreiche Geräuscherätsel (www.bzga.de).
+ Für acht Euro bietet die »Landesmedienzentrale Baden-Württemberg« ein abwechslungsreiches, interaktives Hörtraining auf CD-ROM an (http://mkfs-alt.de.server422-han.de-nserver.de/index.php?i =3312).

Geräuschgeschichte

Die Lehrerin bzw. der Lehrer erzählt frei eine Geschichte. Dabei kommen bestimmte Personen/Tiere vor, zu denen die Kinder während der Geschichte ein Geräusch machen dürfen, *z. B.:*

»Es war einmal eine wunderschöne Prinzessin (Schülerinnen und Schüler: ›Ahhh!‹), die lebte mit ihrem Vater, dem

alten König, (Schülerinnen und Schüler: ›Hohoho!‹) in einem Schloss. Oft ritten sie mit ihren Pferden (›Brrrr!‹) hinunter zum Fluss (›Blubbblubbblubb‹). Sie hatten es schön, bis eines Tages der Vater sagte: ›Tochter, du musst heiraten!‹ Das gefiel der Tochter überhaupt nicht – vor allem, weil sie wusste, dass der einzige unverheiratete Prinz weit und breit (›Oh je oh je!‹) ein großer Angsthase war. Er fürchtete sich vor Spinnen, Regenwürmern und sogar vor Schmetterlingen. Das brachte die Prinzessin (›Ahhh!‹) auf eine Idee. Sie sagte zu ihrem Vater, dem König (›Hohoho!‹): ›Vater, ich werde den Prinzen (›Oh je oh je!«) heiraten. Aber nur unter einer Bedingung! Er muss den gefährlichen Drachen (Schnauben), der hinter den sieben Bergen wohnt, zähmen.‹

Der König (›Hohoho!‹) schaute besorgt, aber er stimmte zu. Man ließ den Prinzen (›Ohjeohje!‹) rufen. Er kam angeritten und hörte sich an, was der König (›Hohoho!‹) ihm zu sagen hatte. Er fürchtete sich mächtig vor dem Drachen (Schnauben), aber er war seit Langem in die Prinzessin (›Ahhh!‹) verliebt und machte sich deshalb trotzdem auf den Weg zum Drachen (Schnauben). Zitternd kam er vor seiner Höhle an.«

An dieser Stelle wird die Erzählung unterbrochen. In Gruppen überlegen sich die Schüler/innen den Fortgang der Geschichte. Daraus entsteht zunächst ein Erzähl- bzw. Schreibanlass. Wird die fertige Geschichte nach der Erarbeitung von der Gruppe präsentiert, hört die Klasse besonders intensiv zu, da sie entsprechende Geräusche wieder ergänzen muss bzw. auch zu neuen Geräuschen angeregt wird. Die Geschichte kann dabei mithilfe eines Aufnahmeprogramms aufgenommen werden. Es empfiehlt sich die Verwendung eines externen Mikrofons. Der Medieneinsatz stellt einen zusätzlichen Motivationsfaktor dar.

Malen zu Musik

Zu Musikstücken, die sich in Rhythmus und Richtung unterscheiden, bekommen die Kinder die Gelegenheit, Bilder zu malen. Dabei sollten unterschiedliche Farben und große Blätter zur Verfügung gestellt werden. Dabei entstehen gegenständliche und nicht gegenständliche Bilder, die im Anschluss verglichen und den Musikstücken zugeordnet werden. Diese Hörbilder können wiederum als Erzähl- und Schreibanlass eingesetzt werden.

Klötze stapeln

Zwei Kinder sitzen sich gegenüber. Zwischen ihnen ist eine Trennwand aufgebaut (z. B. ein Ordner). Jedes Kind hat einen Haufen mit Lego-, Duplo- oder Holzklötzen vor sich liegen. Anzahl, Farbe und Form der Klötze müssen bei beiden Kindern identisch sein. Ein Kind spricht und baut dazu einen Turm, das andere hört zu und handelt nach den Anweisungen.

Kind 1: »Ich nehme einen roten Achter-Klotz. Dann nehme ich einen gelben Zweier-Klotz und stecke ihn so auf den roten Klotz, dass er im rechten oberen Eck steckt. Dann nehme ich ein weißes Plättchen ....«

Kind 2 versucht, den Turm nach den Anweisungen von Kind 1 zu bauen. Am Ende wird verglichen, ob die Türme gleich aussehen. Dieses Spiel fördert sachbezogenes, detailgenaues Sprechen und genaues Zuhören. Erfahrungsgemäß liegt dieses Spiel baubegeisterten Jungen besonders und regt sie zudem zum Sprechen und Zuhören an.

Rübchenspiel

Einige bekannte Zungenbrecher werden in großer Schrift ausgedruckt und laminiert. Die Kinder arbeiten paarweise zusammen. Zur Verfügung stehen zudem einige große Karottenstücke. Ein Kind nimmt ein Karottenstück zwischen die Zähne und liest der Partnerin bzw. dem Partner den Zungenbrecher vor. Der Partner versucht, den Zungenbrecher zu verstehen und nachzusprechen. Die Karotte darf im Anschluss gegessen werden und unterstützt eine gesunde Ernährung.

Dosentelefon

Die Zungenbrecher können auch in Dosentelefone gesprochen werden. Es empfiehlt sich, gemeinsam mit den Kindern Dosentelefone aus unterschiedlichen Materialien herzustellen und herauszufinden, mit welchem Material sich die beste Tonqualität erreichen lässt (Blechdose, Plastikbecher, Alubecher, Wolle, Paketschnur, Plastikschnur).

Gefühlsgedicht

Die Kinder erhalten paarweise Gefühlskarten (Smileys mit fröhlichen, traurigen, bösen, wütenden, überraschten, verlegenen, schüchternen, mutigen Gesichtern) und ein kurzes Gedicht. Ein Kind zieht eine Gefühlskarte und liest das Gedicht in dieser Gefühlslage vor. Das Partnerkind muss erraten, um welche Gefühlslage es sich jeweils handelt. Dann wird gewechselt. Die Gedichte können auch als Rätsel aufgenommen und als morgendliche Hörübung eingesetzt werden.

Das bin ich

Um die Kinder an das Sprechen ins Mikrofon zu gewöhnen, sollte vor der Radioarbeit mit einfachen Übungen zum freien Sprechen begonnen werden. Dazu gehört das Erzählen über sich selbst. Jedes Kind stellt sich mit Namen vor, erzählt von seinen Hobbys, was es gerne spielt oder sonst in seiner Freizeit tut. Dieser kurze Steckbrief kann auch ohne Namen in einem Nebenraum aufgehängt werden. Die Lehrerin bzw. der Lehrer stellt die kurzen Aufnahmen mithilfe von »GarageBand« oder »Audacity« zusammen und präsentiert sie der Klasse als Rätsel. Für einige Kinder ist es anfangs ungewohnt und sogar unangenehm, die eigene Stimme zu hören, da sie ihnen sehr fremd vorkommt. Erst nach einer Weile verlieren sie ihre Hemmungen. Dann kann der Steckbrief auch im Dialog aufgenommen werden. Ein Kind befragt das andere nach seinem Namen und seinen Hobbys. Dabei lernen die Schüler/innen, dass sie im Interview keine geschlossenen Fragen stellen dürfen (»Hast du Hobbys? »Ja.«), sondern die Fragen offen formulieren sollten (»Bitte verrate mir, welche Hobbys du hast!« »Ich spiele gerne Fußball und fahre Rad.«).

Reportage aus dem Urlaub

Die Schüler/innen arbeiten mit Partner/innen oder in Gruppen an einer Reportage aus einem Land ihrer Wahl. Dies kann ein Land sein, das sie im Urlaub bereist haben, oder ihr eigenes Heimatland. Kinder mit Migrationshintergrund können so ihr Land vorstellen, landestypische Musik mitbringen und in die Reportage einbauen und so ihren Mitschülerinnen und Mitschülern ihr Land näherbringen. Daraus kann ein interkulturelles Projekt entstehen.

Reportage In Form eincr Reportage wird von einem bekannten Ort des jeweiligen Landes berichtet. Die Schülerinnen und Schüler werden zu Auslandkorrespondent/innen und Einheimischen. Dabei kann es sich um einen erfundenen Dialog handeln (Beispiel 1) oder einen Bericht über selbst erlebte Ereignisse und Erfahrungen. Die Reportage wird aufgenommen und im Anschluss durch Effekte und Jingles (z. B. www.hoerspielbox.de) ergänzt. Sie kann ins Programm »Audacity« importiert bzw. im Rahmen des Programms »GarageBand« (*Apple*) genutzt werden.

Beispiel

Musik (z. B. Hymne)

A: »Ich stehe hier live vor dem Buckingham Palace in London. Es ist ›typisches‹ Londoner Wetter: Regen, 18 Grad. Die Queen ist zu Hause – ihre Fahne weht im Wind *[Windgeräusche]*. Doch was ist das? Das Tor geht auf, und eine Dame reitet vorbei. Ja, meine Damen und Herren, es ist die Königin. Queen Elizabeth, Eure Majestät, nur eine kurze Frage für unsere Hörer aus Deutschland. Wo reiten Sie hin?«

B *(als Königin)*: »Es ist siebzehn Uhr. Ich reite zum Tee zu meinem Sohn. Beste Grüße nach Deutschland!«

A: »Danke für das Gespräch! Die Königin von England für euch am Mikrofon. Ist das nicht toll? Ich gebe ab an die Redaktion.«

[11] Radio

Ziel	Erstellen einer Radiosendung
Methode	Zu einem Rahmenthema werden Programmpunkte gesammelt, ausformuliert und aufgenommen. Die Programmpunkte werden zu einer Sendung zusammengefügt und durch Jingles und eine Anfangs- und Schlussmelodie ergänzt. Die Sendung wird über den Durchsagenlautsprecher der Schule ausgestrahlt.
Medien	»GarageBand« (*Apple*), »Audacity« (*Windows*)

Radioarbeit bietet in einer stark visuell geprägten Zeit besonderen Raum zum Hören und Zuhören. Neben der Zuhörfähigkeit werden bei der Produktion einer eigenen Radiosendung Sprach- und Lesefähigkeit in besonderem Maße gefördert. Die Kinder lernen, in der Gruppe zu kooperieren und mit konstruktiver Kritik umzugehen. Schulradio schafft eine authentische und höchst motivierende Lernsituation, die die Sozialkompetenz der Kinder in besonderem Maße fördert. Durch die Möglichkeit der Veröffentlichung eines eigenen Anliegens wird ihnen ein wichtiges Grundprinzip einer demokratischen Gesellschaft vermittelt.

Ablauf

Die produktive Arbeit mit auditiven Medien kann im Unterricht sowohl als Abschluss eines fächerübergreifenden Handlungszusammenhangs dienen (Heimat- und Sachunterricht, Deutsch, Musik) als auch als Ausgangspunkt eines Unterrichtsvorhabens, bei dem mehrere Fächer verknüpft werden.

Themenvorschläge

+ Frühlings-, Sommer-, Herbst-, Winterradio
+ Weihnachtssendung
+ Waldsendung
+ Wassersendung
+ Urlaubssendung
+ Faschingssendung
+ Osterradio

Vorbereitung und Planung

Zunächst werden unterschiedliche Formate des Kinderfunks angehört, um die Schüler/innen mit dem Aufbau von Radiosendungen vertraut zu machen. Geeignet sind dafür unterschiedliche Formate, die im Live-Stream des Internets oder in Form von Audiopodcasts auf den Internetseiten der Radiosender gehört werden können.

+ Radiojojo (www.radiojojo.de)
+ Lilipuz (www.lilipuz.de)
+ Radio Kakadu (www.radio.kakadu.de)
+ BR-Kinderinsel (www.br-online.de/kinder/radio-tv)

Die Kinder sollten sich deshalb zu Beginn des Projekts auf einen Namen für ihren Radiosender einigen. Dabei kann der Name der Schule oder des Schulortes aufgegriffen werden.

Im Unterrichtsgespräch werden dann Programmpunkte gesammelt. Dies erfolgt in Anlehnung an bestehende Sendungen und unter Berücksichtigung der Interessenlage von Mädchen und Jungen. Die hier vorgeschlagene Reihenfolge kann beliebig verkürzt, erweitert bzw. variiert werden.

[1] Begrüßung
[2] Umfrage
[3] Experteninterview
[4] Werbung
[5] Nachrichten
[6] Witze
[7] Quiz
[8] Verabschiedung

Als Erkennungsmelodie für den Beginn und das Ende der Sendung wird zwischen unterschiedlichen Möglichkeiten abgestimmt. Im Internet stehen zahlreiche Melodien zur freien Nutzung zur Verfügung. Das Programm »GarageBand« (*Apple*) bietet eine große Auswahl von Instrumentaltiteln, die direkt in die Aufnahmespur gezogen werden können. Die Dauer der Erkennungsmelodie sollte nicht mehr als zehn Sekunden betragen.

Technik

Die Aufnahme der Programmteile gestaltet sich mit der Verwendung des Programms »GarageBand« (*Apple*) sehr einfach. Grundsätzlich können jedoch vom einfachen Kassettenrekorder über den MP3-Player bis zu

Computerprogrammen (z. B. »Audacity« für *Windows* und *Apple*) sämtliche Aufnahmegeräte zur Erstellung einer Radiosendung verwendet werden. Dabei kann das interne Mikrofon genutzt werden. Vor allem beim Interview empfiehlt sich jedoch die Verwendung eines externen Mikrofons.

Podcast Sind die Beiträge fertig, werden sie in beliebiger Reihenfolge getrennt voneinander aufgenommen, gespeichert und einzeln als m4v-Datei auf Festplatte exportiert. Dann werden die Teile in der gewünschten Reihenfolge in einer neuen Podcast-Spur geordnet und aneinandergefügt. Beginnend mit der Anfangsmelodie werden beim Zusammenfügen noch Jingles und Effekte ergänzt (z. B. »Comedy- Drums« als Unterbrechung zwischen den Beiträgen oder »Broadcast News short« vor den Nachrichten). Jingles und Effekte werden im Programm »GarageBand« (*Apple*) zur Verfügung gestellt und können direkt in die Podcast-Spur gezogen werden. Die Schneidearbeit kann frühestens von Viertklässlern unter Anleitung selbst übernommen werden. Bis dahin machen Sie den Schnitt selbst.

Tipps für die Radiosprecher/innen

Im Gegensatz zu geschriebenen Texten, bei denen Leserinnen und Leser beliebig oft zurückgehen können, wenn sie etwas nicht verstanden haben, ist Nachlesen im Radio nicht möglich. Jedes Wort der Sprecherinnen und Sprecher ist nur einmal zu hören. Hörerinnen und Hörer müssen sich der Sprechgeschwindigkeit der Sprecherinnen und Sprecher anpassen. Können sie nicht folgen, schalten sie ab. Dazu kommt, dass Schülerinnen und Schüler Radio im häuslichen Bereich nur als sogenanntes »Nebenbeimedium« kennen, das zur akustischen Untermalung des Alltags eingesetzt wird.

Sprechübung Auch wenn die vorliegende Radiosendung einem interessierten Kreis im Rahmen einer Schulveranstaltung präsentiert wird, sollten diese Hörgewohnheiten nicht ignoriert werden. Für die Schülerinnen und Schüler bedeutet das, langsam und deutlich zu sprechen und auf die Betonung zu achten. Das klappt nicht beim ersten Mal. Vorübungen zum Lesen und freien Sprechen bieten sich an. Lassen Sie die Kinder sich die Texte mehrmals laut gegenseitig vorlesen, bevor sie aufgenommen werden. Regen Sie die Schüler/innen dazu an, Sprechgeschwindigkeit, Lautstärke und Betonung zu variieren und so selbst herauszufinden, welche Sprechweise zu ihrem Radiobeitrag passt. Generell gilt es, keine »steifen« (schriftsprachlichen) Sätze zu bilden, sondern eher umgangssprachliche Worte und Wendungen zu benutzen. Überflüssige Informationen werden weggelassen. Ein schneller Wechsel von lustigen Beiträgen und Informationen macht die Sendung für Zuhörerinnen und Zuhörer unterhaltsam.

Dauer Das Erstellen der gesamten Sendung zieht sich etwa über den Zeitraum von einer Woche. Im Rahmen der Wochenplan- oder Freiarbeit können die Kinder selbstständig an ihrem Vortrag üben. Die Umfrage wird während der Pause durchgeführt. Die Nachrichten sammeln die Kinder in der Vorviertelstunde.

Aufnahme Die Aufnahme der einzelnen Teile erfolgt dann nach und nach. Wenn ein Gruppenraum vorhanden ist, können die Beiträge der Gruppen bei Gelegenheit dort aufgenommen werden. Ist dies nicht möglich, erfolgt die Aufnahme während einer ruhigen Arbeitsphase der übrigen Kinder oder zu Beginn der Pause.

Sendebeiträge Bei Radioneulingen liegt der Schwerpunkt in der ersten Sendung auf dem Vortrag. Im Laufe weiterer Sendungen wird auch das Verfassen der Texte mehr und mehr den Schüler/innen übertragen. Sie werden zunächst in Gruppen aufgeteilt. Jede Gruppe übernimmt gemeinsam einen Programmpunkt.

Begrüßung Die Begrüßung sollte möglichst frei gesprochen werden und nicht »abgelesen« klingen. Sie sollte von Kindern übernommen werden, die sich das zutrauen.

Beispiel Sommersendung

A: »Seid gegrüßt, ihr Lieben! Wir von Radio _____ begrüßen euch herzlich zu unserer ersten Sendung.«

B: »Seid gespannt auf unser tolles Sommerprogramm! Schwitzt ihr in euren Klassenzimmern eigentlich auch so wie wir hier in der Redaktion?«

C: »Puuh, mir ist sooo heiß! Kann mal jemand den Ventilator anmachen?«

A: »Kein Problem!« *(Brummen, lautes Blätterrascheln)*

B: »Schalte sofort aus! Meine Unterlagen! Alles durcheinander! Hilfe! Wer von euch hat bessere Tipps, wie man diese Hitze aushalten kann?«

C: »Wir geben schnellstens ab an unsere rasenden Reporter im Pausenhof.«

Musik

Umfrage Die Umfrage wird auf dem Gang oder im Pausenhof durchgeführt. Die zuständige Gruppe muss vorher üben, sich vorzustellen und offene Fragen zu stellen. Auch der Dank am Ende des Gesprächs sollte nicht vergessen werden. Damit das Interviewteam besser erkannt wird, können Umhängeschilder gebastelt werden (vgl. Abb. 11). Interviewt werden Lehrer/innen und Schüler/innen. In der fertigen Sendung sollte dann eine Auswahl der besten Antworten zusammengeschnitten werden. Dabei reichen etwa vier Antworten aus.

Abb. 11: Radio-Umfrage

Beispiel

A: »Hallo, ich heiße _____ und komme von Radio ___. Hast du einen Tipp für unsere Zuhörer, was man gegen diese Hitze, die hier gerade herrscht, tun kann?«

B: »...«

A: »Danke für den tollen Tipp.«

Experteninterview Ein Expertengespräch kann entweder mit einem echten Experten bei einem Unterrichtsgang geführt werden (z. B. ein Bademeister, ein Eisverkäufer) oder mit einer Schülerin/einem Schüler, der/die die Rolle des Experten spricht. In beiden Fällen sollten sich die Schüler/innen etwa vier bis fünf Fragen überlegen.

Werbung Nach einem informativen Block sollte immer wieder ein lustiges Element folgen, um die Aufmerksamkeit der Zuhörerinnen und Zuhörer zu garantieren. Hintergrundgeräusche sind bei der Werbung besonders wichtig.

> Werbung spielt eine wichtige Rolle bei der Medienarbeit in den unteren Klassen, da neben der Mediengestaltung auch die Fähigkeit zur **kritischen Medienanalyse** im Vordergrund steht.

Bereits im Grundschulalter sind Mädchen und Jungen zur kritischen Auseinandersetzung mit Werbung fähig, allerdings nicht automatisch, sondern mit entsprechender pädagogischer Unterstützung.

Mithilfe der Produktion eigener Werbung für Gegenstände aus dem Schulalltag wird ihnen verdeutlicht, dass Werbung immer auch einen Überredungsversuch enthält.

Beispiel

(Regengeräusch)

Hansi *(gelangweilt):* »Mamaaaa, was soll ich machen?«

Mama: »Aber Hansi, Was sitzt du hier? Du hast doch Ferien! Spiel doch was!«

Hansi: »Was denn? Es regnet draußen!«

Papa: »Du hast sooo viele Spielsachen! Da wird schon was dabei sein!«

Hansi: »Aber Papa! Das kenne ich schon alles!«

Mama: »Komm', wir schauen in deinem Ranzen nach. Vielleicht finden wir da etwas.«

Hansi *(gelangweilt):* »Na gut ...«

(Raschelgeräusch)

Mama *(entzückt):* »Na, was haben wir denn da?« *(Tusch)* »Arbeitsblätter für die Ferien – von deiner Lehrerin! Ist das nicht toll?«

Hansi: »Hurra! Da leg' ich gleich los!«

(Tusch)

Papa: »Ist es in den Ferien fad, mach doch mal ein Übungsblatt!«

Hansi: »Übungsblätter für die Ferien – hol' sie dir schnell – deine Lehrerin hat Tausende davon!«

Nachrichten In der Gruppe gehen die Schüler/innen von Klasse zu Klasse und notieren stichpunktartig eine Neuigkeit in ihrem Block. Daraus ergibt sich ein echter Schreibanlass für die Kinder. Im Klassenzimmer werden aus den Stichpunkten Kurznachrichten verfasst und vorgelesen.

Witze Die Witze sollten thematisch zum Thema der Sendung passen und frei erzählt werden. Viele Kinder haben ein Witzebuch zu Hause. Auch darauf können sie zurückgreifen. Als Jingle zwischen zwei Witzen kann ein Kinderlachen oder ein Trötgeräusch aufgenommen werden.

Quiz Das Quiz richtet sich an alle Hörerinnen und Hörer der Sendung. Die Quizfrage überlegen sich die Kinder selbst. Sie sollte sich auf das Thema der Sendung beziehen, z. B.: »Wie heißt das Schwimmbad unserer Stadt, das Spiel, Spaß und Abkühlung bietet?«

Die Hörerinnen und Hörer schreiben ihre Antworten auf Zettel und werfen sie in eine Box vor dem Klassenzimmer der Redaktion. Hier kann auch weitere Redaktionspost eingeworfen werden (Name und Klasse nicht vergessen!). Die Auslosung erfolgt einige Tage nach der Ausstrahlung der Sendung.

Die Box für das Quiz können die Kinder selbst basteln. Denken Sie daran, einen kleinen Preis für den Sieger der Auslosung zu besorgen (Stift, Radiergummi, Gutschein für den Pausenverkauf).

Verabschiedung Die Verabschiedung können je nach Klassenstärke auch die Kinder übernehmen, die die Begrüßung gesprochen haben.

Beispiel

A: »So, ihr Lieben! Das war sie auch schon! Die erste Sendung von Radio_____.«

B: »Wir hoffen, es hat euch gefallen.«

C: »Vergesst nicht, bei unserem Quiz mitzumachen! Es lohnt sich!«

A: »Und behaltet einen kühlen Kopf bei der Hitze!«

B: »Ein Eis mehr am Tag kann da sicher nicht schaden!«

C: »Und schaltet auch beim nächsten Mal wieder euren neuen Lieblingssender _____ ein! Tschüss!«

Ausstrahlung Ist die Sendung fertig aufgenommen, gestalten die Schüler/innen mehrere Ankündigungsplakate für das Schulhaus, auf denen der Ausstrahlungstermin bekannt gegeben wird (vgl. Abb. 12).

Abb. 12: Radio – Ankündigungsplakat

Zur Ausstrahlung werden Boxen an den Laptop ange-schlossen. Der Durchsagenlautsprecher wird einge-schaltet, und eine Box wird möglichst nahe an das Mi-krofon gehalten. Sind keine Boxen vorhanden, wird die Sendung auf CD-ROM gebrannt und über den CD-Play-er abgespielt.

Tipps

+ Die gesamte Sendung sollte nicht länger als zehn Mi-nuten dauern.
+ Probieren Sie den Durchsagenlautsprecher vorher aus, wenn keine Schüler/innen in der Schule sind. So können Sie feststellen, welche Lautstärke erforderlich ist, um in allen Klassenzimmern eine gute Klangqua-lität zu erreichen.
+ Brennen Sie die fertigen Sendungen für alle Schüle-rinnen und Schüler auf CD-ROM.

[12] Soundbilder

Ziel	Erstellen von Filmen zu einer vorgegebenen Musik
Methode	Interpretation und Verfilmung eines Musikstückes auf unterschiedliche Art und Weise
Medien	Musikstück, Videokamera, Kostüme, Requisiten, Handpuppen, Stifte, Farben, Klebestreifen, Magnete, Papier, Tonpapier (DIN-A3), Computerprogramme »iMovie«, »iStop«-Motion

Im Rahmen einer umfassenden Literalitätsförderung geht es um die Vermittlung des Verständnisses medialer Zeichensysteme. Vor allem digitale Medien präsentieren Ton, Text und Bild in unterschiedlicher Zusammensetzung. Zudem erleben Schüler/innen beim Umgang mit Medien häufig einen sogenannten »Cross-over«, einen Wechsel von alten zu neuen Medien.

Ziel des Projekts »Soundbilder« ist es, Schüler/innen neue Formen des sprachlichen Ausdrucks zu eröffnen und ihnen den Wechsel von tatsächlicher und virtueller Realität zu verdeutlichen.

Ablauf

Filmmusik unterstützt die Handlung und kann Spannung auf- oder abbauen. Im Rahmen des Projekts »Soundbilder« gibt sie die Handlung sogar vor.

Zunächst wird ein Musikstück ausgewählt und den Schüler/innen mehrmals vorgespielt (z. B. www.planet-schule.de/soundbilder). In den unteren Klassen sollte das Stück nicht zu lang sein und deutliche Stimmungswechsel aufweisen, die sich leicht visuell umsetzen lassen.

Die Aufgabe der Schüler/innen ist es, zu diesem Musikstück einen Film zu erstellen. Dazu finden sie sich in Gruppen zusammen und wählen aus unterschiedlichen Umsetzungsmöglichkeiten aus.

Handpuppentheater

Angeregt von den unterschiedlichen Charakteren der Handpuppen, überlegen sich die Schüler/innen eine zum Musikstück passende Handlung. Ein passender Hintergrund wird auf großes Flipchart-Papier gemalt und mit Klebestreifen an der Wand befestigt. Die Musik wird beim Filmen nahe an der Videokamera abgespielt, da der Ton direkt über die Kamera aufgenommen wird. Die Akteure spielen zur Musik und werden von einem Gruppenmitglied gefilmt. Ist die Tonqualität schlecht, wird der fertige Film in »iMovie« (*Apple*) importiert und die Musik unter die Filmspur gelegt. Anschließend wird der Film bereitgestellt und auf die Festplatte importiert. Diese Vorgangsweise gilt auch für die folgenden Umsetzungsmöglichkeiten (außer »iStop-Motion«).

Fingertheater

Die eigenen Finger genügen, um die Handlung darzustellen. Dazu werden auf die Fingerspitzen Gesichter aufgemalt und eventuell Wollfäden als Haare mit Flüssigkleber an den Fingerspitzen befestigt. Nach dem Theaterspiel kann dieser mit Wasser leicht entfernt werden. Die Akteure sitzen hinter einem Tisch und halten ihre Finger über der Tischkante in Richtung Kamera.

Magnetfiguren

Die Schüler/innen schneiden die zur Handlung passenden Figuren aus Pappkarton aus. An den Füßen der Figuren werden etwa zwei Zentimeter Pappkarton stehen gelassen und als Standfläche umgeknickt. Daran befestigt man mit Klebestreifen einen Magneten. Die Figuren bewegen sich später auf Tonpapier (DIN-A3). Dafür benötigt man pro Figur einen gegenpoligen Magneten, der von einem Kind je Figur unter dem Tonpapier gehalten und der Handlung entsprechend bewegt wird. Die Kamera sollte während der Aufnahme auf das Tonpapier gerichtet sein, sodass die Kinder nicht gesehen werden. Das Tonpapier wird ebenfalls bemalt.

Szenisches Spiel

Große Freude bereitet Schüler/innen das szenische Spiel – vor allem wenn das Ergebnis gefilmt wird und für die Dreharbeiten entsprechende Requisiten zur Verfügung stehen. Perücken, Masken oder sonstige Verkleidungen regen zum fantasievollen Spiel an. Da kein Text gesprochen werden muss, gelingt den Kindern die Umsetzung zumeist recht schnell.

Folienfim und Stop-Motion-Technik

Zur Umsetzung der Handlung eignen sich sehr gut die Techniken »Folienfilm« und »Stop-Motion«, die in den Punkten [07] und [09] ausführlich beschrieben werden.

Tipp

+ Das Projekt »Soundbilder« kann klassenübergreifend umgesetzt werden. Zum Abschluss erfolgen eine Vorführung der Filme und die Prämierung des beliebtesten Films.

[13] Roboter

Ziel	Vermittlung von »Computational Literacy«, Erhöhung der Schreibmotivation (vor allem der Jungen)
Methode	Programmieren einfacher Roboter
Medien	»Lego-Mindstorms«-Roboter

Eine umfassende und vor allem zeitgemäße Literalitätsförderung umfasst auch den Bereich der »Computational Literacy«. Jansen-Schulz und Kastel (2004) verstehen darunter, dass Mädchen und Jungen

[1] Funktionen und Möglichkeiten des Internets kennenlernen.
[2] Wissen über Möglichkeiten des Computers und des Internets erhalten und über die Grenzen des Systems hinauszudenken lernen.
[3] alltagsorientiert und ihrer jeweiligen kindlichen und geschlechterspezifischen Lebenswelt entsprechend für die Anwendung im Schulbereich programmieren lernen.

Ablauf

Schnittstellen zwischen fachspezifischen Inhalten im Fach Deutsch und dem Programmieren lassen sich beispielsweise beim Programmieren des »Lego-Mindstorms«-Roboters entdecken. Das Modell »Mindstorms Education« aus dem Jahr 2006 verfügt über mehrere Sensoren zur Erfassung akustischer oder visueller Signale aus der Umgebung sowie einen Näherungssensor zum Erfassen von Hindernissen. Eine einfach bedienbare Programmiersoftware mit logisch verknüpfbaren Funktionsblöcken ermöglicht es auch Schüler/innen mit geringer Technikaffinität, schnell zu funktionstüchtigen Robotern mit vielerlei Funktionen zu gelangen. Im Zentrum der schulischen Nutzung von »Lego-Mindstorms« steht das selbstständige Arbeiten an Robotern, die Maschinen der realen Welt sehr authentisch imitieren können. Der Roboter wird nach eigenen Vorstellungen aus Legosteinen zusammengebaut. Er kann die Form eines Fahrzeugs annehmen, aber auch Kopf, Arme und Beine haben.

Programmierung Im Anschluss wird der Roboter programmiert. Jungen verfügen meist über mehr Vorerfahrungen sowohl beim »Lego«-Bauen als auch beim Programmieren. In geschlechterhomogenen Gruppen erklärt die Lehrerin bzw. der Lehrer deshalb den Mädchen zunächst die Vorgehensweise des Roboters. Diese können dann gezielt als Multiplikatorinnen eingesetzt werden, um dem Vorurteil weiblicher Technikferne entgegenzuarbeiten. Zurückhaltende Mädchen sollten mit anderen Mädchen zusammenarbeiten, da sie sich in geschlechterhomogenen Gruppen eher trauen, an der Entwicklung des Roboters mitzuwirken. Die Roboter und ihre speziellen Fähigkeiten werden anschließend im Rahmen einer Präsentation vorgestellt. Das Programmieren des Roboters kann zudem als Schreibanlass dienen und zum Verfassen eines Sachtextes oder einer Fantasieerzählung anregen.

In Punkt [14] bis Punkt [18] erfahren Sie Grundlagen und Umsetzungsmöglichkeiten der **medialen Leseförderung** im Deutschunterricht der Grundschule.

Roboter

[14] Mediale Leseförderung

Im Rahmen der »Internationalen Grundschul-Lese-Untersuchung« (IGLU) umfasst Lesekompetenz grundlegende Kompetenzen, die in der Wissensgesellschaft bedeutsam sind und Menschen befähigen, Lesen in unterschiedlichen für die Lebensbewältigung praktisch bedeutsamen Verwendungssituationen einsetzen zu können. Im Fokus dieser Begriffsbestimmung steht die Messung kognitiver Leseleistung. Nicht erklärt werden soll damit, in welchem Kontext sich Lesekompetenz in einer Mediengesellschaft entwickelt und wie sie gefördert werden kann.

Voraussetzungen Lesekompetenz hängt entscheidend von der Leseintensität ab, die Leseintensität wird wiederum von **Motivation, Interesse und persönlichem Selbstkonzept** bestimmt. Zudem hängen Kompetenzunterschiede zwischen Mädchen und Jungen von der Textsorte ab. Während Mädchen Erzählungen und Argumentationen deutlich besser lesen und verstehen können, ist der Unterschied bei Tabellen erheblich kleiner; bei Diagrammen, Graphen, Karten und schematischen Zeichnungen ist er fast völlig verschwunden. Daraus lässt sich folgern, dass Jungen bildgestütztes Lesen leichter fällt.

Umsetzung Eine mediale Umsetzung, z. B. von Textinformationen in eine bildhafte Vorstellung, kann dazu beitragen, dass der Textinhalt besser verstanden und in den eigenen Wissenskontext eingebettet wird. Zudem wird dabei die Eigenaktivität des Lernenden gestärkt, die eine Grundvoraussetzung des Lernerfolges darstellt.

[15] Bilderbuchkino

Ziel	Erstellen eines Bilderbuchkinos
Methode	Bilder eines Bilderbuchs werden abfotografiert, in eine Computer-Präsentation eingebunden und vertont.
Medien	Bilderbuch, Computerprogramme »Photo Booth«, »Keynote«, »GarageBand« (*Apple*), interne Kamera bzw. Digitalkamera, »Microsoft-Powerpoint«, »Audacity« (*Windows*)

Ablauf

Zum Erstellen des Bilderbuchkinos fotografieren die Schüler/innen die gewünschten Bilder eines Bilderbuchs zunächst im Programm »Photo Booth« mithilfe der internen Kamera des Computers ab (vgl. Abb. 13). Bereits Erstklässlern gelingt es, das Buch ruhig vor den Bildschirm zu halten und auf den Auslöseknopf zu drücken. Das Buch sollte jeweils so nahe an den Monitor des Computers gehalten werden, dass es den gesamten Bildschirm ausfüllt. Verwackelte Aufnahmen können direkt wieder gelöscht werden.

Abb. 13: Bilderbuchkino – Fotografieren der Bilder

Nun wird das Programm »Keynote« geöffnet. Für jedes Bild des späteren Bilderbuchkinos wird eine weiße
Hintergrundfolie bereitgestellt. Mithilfe der Maus werden die einzelnen Bilder direkt von »Photo Booth« in
die entsprechenden Folien gezogen. Dazu empfiehlt es
sich, beide Programme parallel auf dem Bildschirm zu
öffnen.

Ton Sind alle Bilder in jeweils eine Folie eingebunden,
kann der Ton direkt mit der Option »Bildschirmpräsentation – Erzählung aufzeichnen« aufgenommen werden.
Dabei lesen die Schüler/innen den zu dem jeweiligen
Bild passenden Text des Buches. Durch die Betätigung
der Pfeiltaste nach unten ist die nächste Folie aufnah-
mebereit.

Der Nachteil dieser Vorgehensweise besteht darin, dass
der Text ohne Pause gelesen werden muss. Die Aufnah-
mefunktion kann nicht unterbrochen werden. Soll der
Text schrittweise erlesen und aufgenommen werden,

empfiehlt sich die Tonaufnahme mit dem Programm »GarageBand«. Dazu wird das Programm geöffnet und die Option »Neue Podcast-Episode erstellen« ausgewählt. Es empfiehlt sich die Aktivierung der Tonspur »Female Voice« für Kinderstimmen. Im Anschluss an die Aufnahme kann diese bearbeitet, geschnitten und durch Geräusche ergänzt werden. Schwächere Schüler/innen haben die Möglichkeit, den Text mit Unterbrechungen aufzunehmen, gegebenenfalls zu korrigieren und dadurch zu einem erfreulichen Endergebnis zu gelangen. Die fertige Tonspur wird im Anschluss bereitgestellt und auf die Festplatte exportiert.

Importieren Die Bilder aus dem Programm »Photo Booth« werden nun ins Programm »iMovie« importiert, ebenso die Tonspur. Da Text und Bilder in ihrer Abspieldauer nicht zusammenpassen, muss die Dauer der Bilder verändert werden (»Dauer anpassen«). Die Anpassung erfolgt nach dem Prinzip »Ausprobieren, bis es passt«. Diese Schnittarbeit müssen Sie übernehmen.

Passen Bilder und Ton zusammen, kann das fertige Bilderbuchkino bereitgestellt und gespeichert werden. Es empfiehlt sich das Erstellen eines mittleren Films.

Auch mit *Windows* kann ein Bilderbuchkino aufgenommen werden. Verfügt der Computer über eine interne Kamera, erfolgt die Aufnahme der Bilder über dieses Gerät. Ansonsten werden die Bilder mit einer Digitalkamera aufgenommen über ein USB-Kabel auf den Computer geladen. Diese Bilder werden in eine »Powerpoint«-Präsentation eingebunden und entsprechend vertont. Für eine separate Tonaufnahme empfiehlt sich das Programm »Audacity« (kostenfrei unter www.audacity.de).

Tipp

+ Zum Erstellen eines Bilderbuchkinos eignen sich am besten Bücher mit Bildern, über die kein Text gelegt wurde. Da Bilderbücher hauptsächlich in den Klassen 1 und 2 eingesetzt werden, sollten die Bücher zudem nicht zu lang sein.
+ Das Titelbild kann von den Schüler/innen selbst gestaltet werden.
+ Die Kinder können sich einen eigenen Schluss überlegen und ein selbst gemaltes Bild in das Bilderbuchkino einbinden. Dadurch wird das Buch in ihren unmittelbaren Lebenskontext eingebettet und an Vorwissen angeknüpft.
+ Die Bilderbuchkinos werden auf DVD gebrannt und allen Schüler/innen ausgehändigt.

Die Computernutzung wird hier um die kreative Nutzung erweitert. Durch eine Verknüpfung von Printmedien und digitalen Medien wird auf individuelle Mediennutzungspräferenzen eingewirkt. Bestehenden Defiziten in den Bereichen »Lesen« und »Technik« wird frühzeitig entgegengewirkt. Mädchen und Jungen lernen Alternativen zum geschlechtertypischen Umgang mit Buch und Computer kennen und können diese beim Aufbau eines **positiven medialen Selbstkonzepts** nutzen.

[16] Märchenpräsentation

Ziel	Erstellen einer Märchenpräsentation
Methode	Aufteilung einer Geschichte in Szenen; Malen, Ausschneiden und Einscannen der Hauptfiguren der einzelnen Szenen; Einbinden der Figuren in Präsentationsfolien; Animation der Figuren; Vertonen der Präsentation
Medien	Märchentext, Programme »Keynote« (*Apple*) bzw. »Microsoft-Powerpoint« (*Windows*), »GarageBand« (*Apple*) oder »Audacity« (*Windows* und *Apple*)

Der Einsatz der Computerprogramme »Keynote« (*Apple*) und »Microsoft-Powerpoint« (*Windows*), die ursprünglich zum Anfertigen von Präsentationsfolien vorgesehen sind, ist speziell im Deutschunterricht dazu geeignet, Schüler/innen mithilfe visueller Effekte Möglichkeiten zum individuellen sprachlichen Ausdruck zu eröffnen. Dies wird anhand des Beispieltextes »Die zwölfte Pille« von Franz Hohler und Nikolaus Heidelbach (2009) erläutert.

Text

»Die zwölfte Pille
Seit Wochen war die Prinzessin krank. Sie lag mit hohem Fieber im Bett, und weder Aspirin noch Essigsocken nützten etwas. Die Ärzte kratzen sich in den Haaren, der König und die Königin gingen seufzend durchs Schloss. Da kam eine gute Fee und brachte der Prinzessin ein Schäch-

telchen mit zwölf Pillen. ›Wenn Du jeden Tag eine davon nimmst, bist Du in elf Tagen wieder gesund‹, sagte die Fee. ›Hüte dich aber, die zwölfte Pille zu schlucken, es würde dir Unglück bringen.‹ Die Prinzessin nahm jeden Tag eine Pille, und jeden Tag ging das Fieber etwas zurück. Nach zehn Tagen hatte sie nur noch 37,1 und nach der elften Pille war die Prinzessin wieder gesund. Als sie am nächsten Tag das Schächtelchen wegwerfen wollte, hüpfte die Pille so fröhlich darin herum, dass die Prinzessin plötzlich unerklärliche Lust verspürte, diese auch noch einzunehmen. ›Ach was‹, dachte sie, ›die Fee ist ja schon lange nicht mehr da‹ und hoppla schluckte sie die zwölfte Pille hinunter. Da verdunkelte sich der Himmel über dem Schloss, im ganzen Königreich stürzten die Kirchenglocken von den Türmen, die Schafe fielen tot um, und die U-Bahnen sprangen aus ihren Geleisen. Dann sank das Land in einen tiefen Schlaf, der elf Jahre dauerte. Im zwölften Jahr kam der Prinz aus dem Nachbarland, der die Verkehrsprobleme des Königreichs studieren wollte. Er schlug sich mit dem Schwert einen Zugang durch die Dornen zur U-Bahn-Station, küsste einen umgestürzten Wagen, und sogleich sprangen die Züge wieder in die Schienen, die Schafe standen auf und weideten weiter, die Glocken flogen wieder in die Kirchtürme und begannen zu läuten, und die Prinzessin rieb sich erstaunt die Augen und fragte: ›Ist es schon morgen?‹ Leider war der Prinz schon verheiratet, und es kam nicht zur erwarteten Hochzeit. Die Prinzessin aber machte ein Studium als Apothekerin und übernahm die Schloss-Apotheke. Sie war begeistert von ihrem Beruf und genoss das Vertrauen der Kundschaft und der Krankenkassen. Das Einzige, was ihr etwas Mühe bereitete, war das Entfernen der letzten Pille aus den Zwölferpackungen. Aber das machte sie immer selbst, unter allen Umständen.«

Quelle: Franz Hohler, Das große Buch
Mit Illustrationen von Nikolaus Heidelbach
© 2009 *Carl Hanser Verlag München*

Bei dem vorliegenden Text handelt es sich um einen literarisch komplexen Text, um eine Art Märchenparodie. Bei der Reflexion über den Inhalt der Geschichte werden Schüler/innen dazu angeregt, über festgeschriebende Rollenbilder nachzudenken und sie mit eigenen Wünschen und Perspektiven in Beziehung zu setzen. Die Prinzessin ergreift, anders als in herkömmlichen Märchen, am Ende einen eigenen Beruf. Auch der Prinz ist nicht auf Brautschau, sondern beruflich unterwegs.

Die Arbeit am Text bietet Raum für kreative Schreibprozesse, sinnbetontes Sprechen und bildnerisches Gestalten. Es bietet sich an, den Text nach den Wünschen der Schüler/innen zu verändern. So können sich die Schüler/innen alternative Möglichkeiten für die Berufswahl der Prinzessin überlegen und ihre Ideen dann in die Präsentation einbinden.

Ablauf

Zum Text wird nach dem Erlesen eine Art Drehbuch erstellt, das die Szenen und die beteiligten Figuren vorgibt.

1. Szene: Die Prinzessin liegt krank im Bett. Der Doktor erscheint. *(Prinzessin im Bett, Doktor)*

2. Szene: Eine Fee fliegt mit einer Schachtel Pillen ins Bild.
(Prinzessin im Bett, Fee)

3. Szene: Die Prinzessin ist wieder gesund und überlegt, ob sie die 12. Pille nehmen soll.

(Prinzessin, stehend)

4. Szene: Die Prinzessin nimmt die 12. *Pille.*

Prinzessin mit Pillenschachtel)

5. Szene: Der Himmel über dem Schloss verdunkelt sich, alle Schafe fallen tot um, die Glocken stürzen aus den Türmen.

(Schloss mit Türmen, Glocken, Schafe)

6. Szene: Das Land fällt in einen tiefen Schlaf.

(Doktor, Schafe, Prinzessin, liegend)

7. Szene: Der Prinz aus dem Nachbarland erscheint und küsst einen umgestürzten Wagen.

(Doktor, Schafe, Prinzessin, liegend, Prinz mit Schwert)

7. Szene: Alle wachen wieder auf. Die Prinzessin will nicht heiraten, der Prinz auch nicht.

(Prinzessin und Prinz, stehend)

8. Szene: Die Prinzessin wird Autorennfahrerin und braust davon (Beispiel für einen eigenen Schluss der Kinder).

(Prinzessin als Rennfahrerin) (vgl. Abb. 14).

Abb. 14: Märchenpräsentation – Prinzessin als Rennfahrerin

Die benötigten Figuren werden von den Schüler/innen gemalt und eingescannt oder noch einfacher mit dem Programm »Photo Booth« (*Apple*) fotografiert. Sowohl Scans als auch Fotos in »Photo Booth« haben einen Rand. Dieser lässt sich mit der Option »Auswählen; Intelligentes Lasso« entfernen. Auch die Verwendung des Programms »Gimp« ist zu diesem Zweck geeignet (auch mit Windows). Wenn sich die Figuren auf einem hellen Hintergrund bewegen, stört der Rand jedoch kaum.

Folien Dann werden in den Programmen »Keynote« (*Apple*) bzw. »Microsoft-Powerpoint« (*Windows*) weiße Folien entsprechend der Anzahl an Szenen geöffnet. In jeder Folie werden die benötigten Hintergründe und Figuren importiert und in der Größe angepasst. Jede Figur kann über die Option »Bildschirmpräsentation; Benutzerdefinierte Animation« animiert werden. Für die Fee eignet sich beispielsweise der Eingangseffekt »hineinfliegen«. Auch geschriebener Text kann in den Folien ergänzt und animiert werden (vgl. Abb. 15).

Nimm jeden Tag eine Pille!

Hüte Dich, die 12. Pille zu nehmen!

Abb. 15: Märchenpräsentation – Die Fee erscheint

Abschließend wird die Präsentation über die Optionen »Bildschirmpräsentation; Erzählung aufzeichnen« vertont. Dabei kann der Text jedoch nur ohne Unterbrechung aufgezeichnet werden. Die Programme »GarageBand« (*Apple*) bzw. »Audacity« (*Windows*) bieten die Möglichkeit, Korrekturen vorzunehmen bzw. Teile zu wiederholen. Die fertige Tonspur kann über einen zweiten Laptop abgespielt und in die Präsentation über die Option »Erzählung aufzeichnen« eingebunden werden. Die Tonspur kann auch direkt in die Präsentation importiert werden, die Folien müssen in diesem Fall jedoch manuell angeklickt werden.

Sensibilisierung Schüler/innen werden über die Arbeit an der Märchenpräsentation dafür sensibilisiert, wie emotionale Aussagen des Märchens visuell und akustisch transportiert, verdeutlicht und verändert werden können. Vor allem technikbegeisterte Jungen, denen schriftlicher Ausdruck eventuell Probleme bereiten könnte, erfahren, dass auch nonverbale, technisierte Formen des sprachlichen Ausdrucks möglich sind, die ihren Lerninteressen in besonderem Maße entgegenkommen. Sie lernen, technische Effekte unter rhetorischer Perspektive einzusetzen, um damit eine bestimmte Absicht zu verfolgen. Visuelle Effekte können die inhaltliche Aussage einer Geschichte verstärken bzw. verdeutlichen.

Kreative Medienarbeit verändert die Sicht von Mädchen und vor allem von Jungen auf den Computer, den sie hauptsächlich als Spiel- und Lernmedium kennen.

Tipps

+ Die Programme »Microsoft-Powerpoint« (*Windows*) bzw. »Keynote« (*Apple*) können zur Animation jeder beliebigen Geschichte eingesetzt werden. Auch im Rahmen des Heimat- und Sachunterrichts kann die Erstellung einer animierten Präsentation dazu beitragen, den Unterrichtsstoff zu vertiefen und umzusetzen.

+ Das übergeordnete Ziel des Umgangs mit Präsentationsprogrammen ist nicht die frühe Förderung von Präsentationskompetenz. Vielmehr erfahren Mädchen und Jungen über den kreativen Umgang mit den Programmen, dass der Computer ihnen **neue sprachliche Ausdrucksmöglichkeiten** eröffnen kann.

[17] Gedichte medial

Ziel	mediale Umsetzung von Kinderlyrik in Form von Lyrikstationen
Methode	Vertonen, Verfilmen und Präsentieren von Gedichten
Medien	Videokamera, »GarageBand« (*Apple*), »Audacity« (*Windows*), »Keynote« (*Apple*), »Microsoft-Powerpoint« (*Windows*),Instrumente, Papier, Stifte, Kleber, Schere, Folie

Die mediale Umsetzung von Gedichten erweitert das Spektrum eines handlungs- und produktionsorientierten Umgangs mit Kinderlyrik auf zeitgemäße Weise.

Ablauf

Im folgenden Gedichtezirkel werden unterschiedliche Möglichkeiten der medialen Umsetzung eines Gedichts vorgestellt. Die Kinder arbeiten dazu in Gruppen zusammen.

Tipps

+ Für Medienneulinge empfiehlt sich die Auswahl kurzer Gedichte mit nur ein oder zwei Strophen, z. B. aus Joseph Guggenmos: »Oh, Verzeihung, sagte die Ameise«, oder Edmund Jacoby: »Dunkel war's, der Mond schien helle«.

+ Wenn nur ein Computer mit Aufnahmeprogramm zur Verfügung steht, werden die Ergebnisse der Kinder nacheinander bzw. über mehrere Tage verteilt aufgenommen.
+ Wem die Stationen zu techniklastig sind, kann immer nur eine Technikstation anbieten und durch andere Stationen (z. B. Basteln, szenisches Spiel) ergänzen.

Station 1: Vertonung

Mithilfe eines Aufnahmeprogrammes, das Sie auf den Computer im Klassenzimmer (»Audacity«) laden oder auf Ihrem Laptop (z. B. »GarageBand«/*Apple*) vorhanden ist, können Sie Ihre Schülerinnen und Schüler dazu motivieren, Gedichte zu vertonen und vorzutragen. Die Gruppe erhält Instrumente und überlegt sich passende Geräusche zum Gedicht.

Station 2: Gedichtpräsentation

Während die erste Gruppe den Computer benutzt, malt diese Gruppe die Hauptfiguren und einen Hintergrund pro Strophe. Ist der Computer frei, fotografieren die Kinder den Hintergrund mit dem Programm »Photo Booth« (*Apple*) und ziehen ihn in eine Folie im Programm Keynote. Anschließend werden die Figuren fotografiert, ausgeschnitten und ebenfalls in die Folie gezogen. Anschließend werden die Figuren animiert und die Präsentation vertont (vgl. [14]).

Station 3: Gedichtkino

Die Kinder dieser Gruppe malen zu jeder Strophe ein Bild auf DIN-A3- oder DIN-A4-Papier und fotografieren es mit dem Programm »Photo Booth«, der internen Kamera des Computers bzw. mit einer Digitalkamera ab. Dann werden die Bilder (vgl. [13]), wie ausführlich in den Folien des Programms »Keynote« (*Apple*) oder »Microsoft-Powerpoint« beschrieben, importiert. Über die Option »Bildschirmpräsentation, Erzählung aufzeichnen« wird die Tonspur passend zu den Bildern aufgenommen.

Station 4: Foliengedicht

Diese Gruppe malt die Hauptfiguren des Gedichts, schneidet sie aus und klebt sie, wie in Punkt [07] beschrieben, an Folienstreifen. Zudem wird ein Hintergrund gestaltet. Der Hintergrund wird mit der Kamera auf Größe des Displays gezoomt, die Figuren werden zum Inhalt des Gedichts bewegt. Die Tonspur wird direkt beim Spielen von der Kamera aufgenommen.
Abschließend erfolgt eine Präsentation der Arbeitsergebnisse – wenn möglich über den Beamer.

[18] Buchempfehlung

Ziel	Erstellen von gefilmten Buchempfehlungen
Methode	Abfilmen der Buchempfehlungen; Zusammenstellung einer DVD zur Leseanimation
Medien	Videokamera, Programme »iMovie«, »Photo Booth« (*Apple*)

Vor allem Jungen wollen Bücher ungern von Müttern oder Lehrerinnen empfohlen bekommen. Die Unlust der Jungen kann unter anderem mit der Textauswahl der Lehrerinnen zusammenhängen. Mädchen und Jungen lesen lieber Bücher, die ihnen von Klassenkameraden vorgestellt und empfohlen werden.

Ablauf

Kinder im Unterricht ihr Lieblingsbuch vorstellen zu lassen gehört zur geläufigen Praxis in einem lesefreundlichen Deutschunterricht. Nimmt man die Schüler/innen dabei jedoch mit der Videokamera auf, kann zusammen mit den Parallelklassen eine DVD zur Unterstützung der Lesemotivation erstellt werden.

Schwerpunkt Die einzelnen Beiträge sollten kurz und informativ gestaltet werden, damit keine Langeweile aufkommt. Der Schwerpunkt sollte darin bestehen, hervorzuheben, warum es sich lohnt, dieses Buch zu lesen. Das Titelbild und besonders witzige oder spannende Illustrationen können im Film gezeigt werden.

Tipps

+ Das Programm »Photo Booth« (*Apple*) kann visuelle Zugänge zum Buch eröffnen.

Dazu wird unter der Option »Effekte; Benutzerhintergrund« eine Illustration oder das Titelbild eines Buches abfotografiert. Ein Kind setzt sich vor den Monitor und wird von der internen Kamera vor dem Hintergrund seines Lieblingsbuches gefilmt (vgl. Abb. 16). Dazu dient ein Klick auf das Symbol »Filmrolle«. Der Leser taucht somit auch optisch in das Buch ein.

+ Verschiedene Kurzfilme der Schüler/innen können im Programm »iMovie« zu einem Buchempfehlungsvideo verbunden werden. Das Einfügen von Jingles und Text macht das Zuschauen noch attraktiver und leseanregender.
+ Buchempfehlungen können über E-Mail mit Partnerklassen ausgetauscht werden.
+ In die Buchempfehlung kann ein szenisches Spiel in Form eines Minitheaterstücks oder eine mediale Umsetzung, wie z. B. ein Folienfilm, zu einer Szene eingebunden werden.

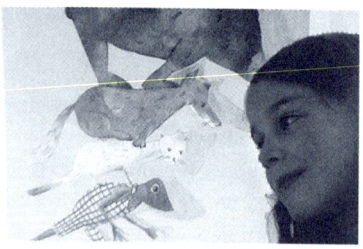

Abb. 16: Buchempfehlung

[19] Anhang

Computerspiele und Filme

Wright, W. (2008): Spore Labor – Kreaturendesigner. Electronic Arts.
Sparkes, J. et al. (2007): Shaun, das Schaf. (DVD) Concorde.

Primärliteratur

Baltscheit, M. (2002): Die Geschichte vom Löwen, der nicht schreiben konnte. Zürich: Bajazzo.

Gorbatschow, V. (1998): Winnie und die wilden Wölfe. Zürich: Nord-Süd.

Guggenmos, J./Heidelbach, N. (2008): Oh, Verzeihung, sagte die Ameise. Weinheim und Basel: Beltz & Gelberg.

Hohler, F./Berner, R.S. (2000): Wenn ich mir etwas wünschen könnte. München: Hanser.

Hohler, F./Heidelbach, N. (2009): Das große Buch. Geschichten für Kinder. München: Hanser.

Jacoby, E./Berner, R. S. (2010): Dunkel war`s, der Mond schien helle: Verse, Reime und Gedichte. Hildesheim: Gerstenberg.

Landström, L./Landström, O. (1992): Nisse beim Friseur. Hamburg: Oetinger.

Landström, L./Landström, O. (1992): Nisse am Strand. Hamburg: Oetinger.

Lindgren, A./Wiberg, H. (1971): Tomte und der Fuchs. Hamburg: Oetinger.

Michl, R./Tilde, M. (1985): Es klopft bei Wanja in der Nacht. München: Ellermann.

Olten, M. (2006): Echte Kerle. Zürich: Bajazzo.

Jansen-Schulz, B./Kastel, C. (2004): »Jungen arbeiten am Computer, Mädchen können Seil springen...«. Computerkompetenzen von Mädchen und Jungen. Forschung, Praxis und Perspektiven für die Grundschule, München: Kopaed.

Ungerer, T. (2007): Die drei Räuber. Zürich: Diogenes.

Waechter P./Port, M. (2010): Der Krakeeler. Weinheim und Basel: Beltz & Gelberg.

Tison A./Talus, T. (2010): Barbapapa – Die Frisur. Stolberg: Atlantis.

Sekundärliteratur

Aufenanger, S./Luca, R. (2007): Geschlechtersensible Medienkompetenzförderung, Mediennutzung und Medienkompetenz von Mädchen und Jungen sowie medienpädagogische Handlungsmöglichkeiten. Berlin: Vistas.

Bos, W. et al. (2007): IGLU 2006 – Lesekompetenzen von Grundschulkindern im internationalen Vergleich. Münster.

Garbe, C. (2002): Geschlechterspezifische Zugänge zum fiktionalen Lesen. In: Bonfadelli, H./Bucher, P. (Hrsg.): Lesen in der Mediengesellschaft. Stand und Perspektiven der Forschung. Zürich: Pestalozzianum, S. 215–234.

Hauck-Thum, U. (2011): Geschlechtersensible Medienarbeit im Deutschunterricht der Grundschule. Baltmannsweiler: Schneider Hohengehren.

Janssen-Schulz, B./Kastel, C. (2004): »Jungen arbeiten am Computer, Mädchen können Seil springen ...«, Computerkompetenzen von Mädchen und Jungen. Forschung, Perspektiven und Praxis für die Grundschule. München: Kopaed.

Theunert, H./Lenssen, M. (1999): Medienkompetenz im Vor- und Grundschulalter: Altersspezifische Voraussetzungen, Ansatzpunkte und Handlungsoptionen. In: Schell, F./Stolzenburg, E./Theunert, H. (Hrsg.): Medienkompetenz – Grundlagen und pädagogisches Handeln. München: Kopaed, S. 60–73.

Internetadressen

nach Autoren

Medienpädagogischer Forschungsverband Südwest (Hrsg.) (2011): KIM-Studie 2010, www.mpfs.de (Abruf am 6.8.2011).

Ohler, P./Nieding, G. (2011): Der Erwerb von Medienkompetenz zwischen 3 und 7 Jahren. www.fsf.de/php_lit_down/pdf/nieding_ohler046_tvd38.pdf (27.7.2011).

anonym

www.anipaint.ch (Abruf am 5.8.2011)
www.br-online.de/kinder/radio-tv (Abruf am 5.8.2011)
www.educatec.ch/about/presse/LEGO_MINDSTORMS_NXT/LEGO_Education_NXT_announcment (Abruf am 9.8.2011)
www.lilipuz.de (Abruf am 5.8.2011)
www.planet-schule/soundbilder.de (Abruf am 9.8.2011)
www.plasq.com (Abruf am 5.8.2011)
www.radijojojo.de (Abruf am 5.8.2011)
www.radio.kakadu.de (Abruf am 5.8.2011)
www.schuelerfirma-stoeckchen.de/6.html

Weitere Tipps und Internetadressen

Medienarbeit allgemein

www.anipaint.ch
www.bili-aelph.de
www.kindernetz.de
www.labbe.de/zzzebra/index.asp
www.lehrer-online.de
www.links.grundschulmaterial.de
www.lo-net.de
www.medienwerkstatt-online.de
www.news4kids.de
www.plasq.com
www.rechtschreibwerkstatt.de
www.wissenswerkstatt.de

Erzählen

Hauck-Thum, U. (2010): Dem Drachen erzählen – Mündliches Erzählen in der Grundschule. UnterrichtsMitschau der LMU München (DVD, 41 Min.).

www.geschichtenerzaehlerin.de
www.lehrer-online.de/maerchen-quiz.php
www.maerchen-basar.de
www.maerchenlexikon.de
www.sagen.at
www.stories.uni-bremen.de
www.wdrmaus.de/service/podcast

Hören und Zuhören

www.audacity.de
www.auditorix.de
www.ganzzohrsein.de
www.hoerspielbox.de
www.planet-schule.de/soundbilder
www.schule-des-hoerens.de

Radio

www.br-online.de/kinder/radio-tv
www.kindernetz.de/spielraum
www.lilipuz.de
www.ohrenspitz.de
www.radijojojo.de
www.radio.kakadu.de
www.radio.teddy.de

Lesen

www.dtv.junior.de
www.efraimstochter.de
www.kinderbuchforum.de
www.leselilly.de
www.lesen-in-deutschland.de
www.onilo.de
www.mauswiesel.de
www.rossipotti.de
www.wasistwas.de
www.wildefussballkerle.de
www.wildehuehner.de